本书由北京市教育委员会
北京批发研究基地建设专项资助

# 中国网络企业
# 商业模式创新

THE INNOVATION OF CHINESE INTERNET
ENTERPRISE BUSINESS MODEL

范 锋／著

社会科学文献出版社
SOCIAL SCIENCES ACADEMIC PRESS (CHINA)

# 摘　　要

20世纪90年代中期以来，我国开始出现了网络企业，短短十年时间，中国网络企业取得了重大发展：不少网络企业取得了巨大的成功，而网络企业作为一个整体，已经成为中国经济新的推动力量。在中国网络经济和网络企业发展过程中，出现了不少创新的商业模式。

在这一时代背景下，本书以中国网络企业的商业实践为基础，以商业模式创新为主线，总结企业实践经验和网络企业商业模式创新的内容和基本规律，研究网络企业商业模式创新的指导理论和方法，探索研究中国网络企业的商业模式实现途径和发展趋势。

中国网络企业商业模式创新是一个全新的研究领域。从现有理论研究情况来看，尚未有完善的研究框架和体系，此外，对网络企业、商业模式、商业模式创新等基本概念也未有一致的定义。本书以互联网的发展历史为研究的起点，在对中国网络企业发展实践的基础上，对网络企业、商业模式、商业模式创新等基本概念进行了界定，并以此为基础，研究了中国网络企业商业模式创新的具体内容和基本特点，根据网络经济中的一些基本现象和基本规律，归纳研究了网络经济学基本原理，并在这些基本原理指导下，结合中国网络企业商业模式创新实践，总结了中国网络企业商业模式创新的基本方法、中国网络企业商业模式实现的基本途径和中国网络企业商业模式创新的发展趋势。从而，在整体上初步建立了中国网络商业模式创新的基本研究框架和研究体系。

　　网络企业商业模式创新是一项全新的企业管理实践活动，本书的研究采用了多种研究方法，具体说来就是实证研究和规范研究相结合而突出实证；整体研究和个案研究相结合而突出个案；归纳研究和演绎研究相结合而突出归纳。同时，本书在研究和写作过程中，应用了文献研究、定量分析、问卷调查、当面访谈等多种研究方法。

# Abstract

Chinese internet enterprise, coming forth at the middle of 90th, has been the promoting power to Chinese economy by shortly 10 years development and created some new business models in the course of its development.

Basing on the practical background of the development of Chinese internet enterprise, this thesis mainly studies the regularities, theories and methods of business models of Chinese internet enterprise and points out its trends and the avenues by which the business can turn into reality.

This study is a wholly new study and is there yet neither perfect study framework and system nor uniform definition about internet enterprise, business model and business model innovation. Beginning with the history of internet and basing on the practice of Chinese internet enterprise, this thesis defines these new concepts mentioned above and studies the concrete contents and basic characteristics of the innovation Chinese internet enterprise business. Basing basic phenomena and regularities of net economy, this thesis induces basic principles of net economics and concludes the basic methods of Chinese internet enterprise business model innovation, the basic avenues thorough which Chinese

1

internet enterprise business model can turn into reality and the developmental trends of it.

To study this wholly new practice of internet enterprise business model, this thesis adopts a variety of methods which include the unity of empirical study and theoretical study while standing out the former, the unity of whole study and example study while standing out the latter and the unity of inducing and deducting while standing out induction. In the course of studying and writing, this thesis has used various methods of literature study, quantity analysis, questionnaire and interview.

# 自　序

从网络企业诞生开始，关于其商业模式及创新的讨论和研究，一直是持续的热点话题。从互联网行业到经济学圈，再到管理学界等众多领域，至今莫衷一是，甚至连概念都无法统一。

所以，有趣的现象比比皆是：各种研究商业模式和创新的专著充斥着各大书店排行榜，企业家在演讲时不谈商业模式创新就会变得落伍，各种没有实操经验的评论家们也在媒体上发文探讨商业模式创新……不过，对于大多数民众来说，总觉得他们在自说自话，有种关公战秦琼的感觉。

之所以会这样，我想原因有二。首先，是互联网行业发展太快，各种各样的商业模式创新实践层出不穷，让人眼花缭乱，应接不暇。由于行业环境、企业自身等发展变化，有的所谓商业模式和创新，可能昙花一现，就"OUT"了。其次，是商业模式对网络企业的创业和发展，又有着极为重要的战略作用，它决定了网络企业从成立到成长壮大的全过程，经常让人看山不是山，看水不是水。更不要说能得出放之四海而皆准的商业模式创新的灵药了。

平心而论，《中国网络企业商业模式创新》一书，对中国网络企业商业模式和创新的问题，或许一样会关公战秦琼，一样是"看山不是山、看水不是水"。但作为一个互联网商业模式的研究者和实践者，我只是希望能在中国网络企业的商业实践基础上，以商业模式创新为主线，试图总结网络企业发展过程中的商业模式创新的内容和一些规律，总结研究网络企业商业模式创新的基本框架、方法、路径体系等。也算是丰富网络企业商业模式创新研究的一个视角吧。

本书的主体框架成形于2004年完成的博士论文，之后由于俗务缠身，一直难以静心完善修改出版。所幸这些年我一直没有离开互联网行业，也经常和一些业界朋友交流，偶尔拿论文给周围的朋友探讨，大家还觉得有些可取之处；2009年自己和同事创办速途网，并定位为中国互联网行业的社交网站和在线服务平台，也让我能从创业者的角度继续思考互联网企业的商业模式创新问题。进入北京工商大学商学院任教后，受到商学院庞毅教授、刘文纲教授、郭崇义副教授等同事的支持和鼓励，我终于又动了修改出版的念头。在社科文献出版社财经部主任恽薇女士的督促下，直到2012年初总算又系统地修改了一遍，让这本书面世了。

这次系统的修改，对我来说，也是一个困难的过程。最大的困难是互联网行业这些年来，变化迅猛，原来调研的一些企业，有的已经沉寂和转型；而有些新出现的互联网公司已经迅速发展成为中国互联网的领导型企业，自己又已没有时间和精力深入去作进一步的调研。只能根据自己日常的观察思考和公开的数据去补充、修订。考虑到商业模式创新本身就是一个动态的历史过程，我也没有对以前调研过的案例作大量的删减。我想这种做法虽然有些"分裂"嫌疑，但也许正好可以给读者和以后同样关注中国网络企业商业模式创新的研究者提供一个中国互联网发展历程的原貌，用这个理由聊以自慰吧。

本书的出版得到了北京批发研究基地的资助，在此表示感谢。

同时还要感谢我的博士生导师郑明身教授、我在中国社科院工经所做博士后期间的导师张承耀教授，他们都曾对我的相关研究工作给与了悉心指导；此外还要感谢先后对我的相关研究提供各种支持和方便的包括天极传媒集团 CEO 李志高等老领导和众多业界同行，北京工商大学商学院党总支书记庞毅教授、北京工商大学科研处处长魏中龙教授等领导、同事。没有他们的帮助和支持，就不会有本书的出版。

范 锋

# 目　　录

第一章　导论……………………………………………………　1

第二章　网络企业商业模式创新的基本概念和研究现状 ………　12

　　第一节　互联网与网络企业的概念 ……………………………　12

　　第二节　商业模式与网络企业商业模式创新概念 ……………　23

　　第三节　网络企业商业模式创新的意义与研究现状 …………　32

第三章　中国网络企业发展历程和商业模式创新的分类 ………　42

　　第一节　互联网在中国的发展 …………………………………　42

　　第二节　中国网络企业和商业模式创新的发展阶段 …………　48

　　第三节　中国网络企业商业模式分类 …………………………　58

第四章　中国网络企业的商业模式内容与创新 …………………　70

　　第一节　技术支撑层次的网络企业商业模式与创新 …………　70

　　第二节　内容型网络企业商业模式创新 ………………………　86

第三节　网上服务型商业模式与创新 …………………… 106

第四节　电子商务网络企业商业模式与创新 …………… 124


第五章　中国网络企业商业模式创新方法 …………………… 141

第一节　网络经济中基本现象与经济原理 …………… 141

第二节　中国网络企业经营模式创新方法 …………… 153

第三节　中国网络企业收入模式创新方法 …………… 159

第四节　中国网络企业客户模式创新方法 …………… 166


第六章　中国网络企业商业模式实现途径 …………………… 170

第一节　商业模式实现的概念 ………………………… 170

第二节　中国网络企业商业模式实现主要途径 ……… 172

第三节　网络企业商业模式实现的关键因素 ………… 180


附录　中国网络企业商业模式创新趋势问卷调查与分析 ……… 187


参考文献 ………………………………………………… 193

# 第一章

# 导 论

本章主要阐述选题背景、研究主题、研究内容、报告结构、研究方法、主要结论以及主要的创新和不足。

## 一 选题背景与研究主题

1969 年，美国国防部授权 ARPANET 进行的一项试验成为互联网诞生的开端,[①] 而那个时候，他们没有想到，这个仅仅是为了军事目的而建设的基于对等互联思想的网络，现在竟像当初人类四大发明一样深刻地改变着人类文明的历史。1995 年 8 月 9 日，美国开发因特网浏览器软件的网景公司上市，这家投资 1700 万美元，成立 16 个月未盈利一分钱的公司，一夜之间变成市场价值 20 亿美元的巨人，创造了互联网时代的第一个神话。此后，美国在线、雅虎、亚马逊等公司先后公开上市，开启了互联网以技术创新转化为商业应用的网络经济时代，给世界经济和人类社会带来了深刻的影响。

---

① 范锋:《我们以怎样的理想办网站》，比特网，http://www.donews.com/donews/article/2/25618.html。

几乎与美国同步，网络经济在中国也经历了快速的发展，截至2010年12月，中国网民规模达到4.57亿，互联网普及率攀升至34.3%，宽带网民规模为4.5亿，有线（固网）用户中的宽带普及率达到98.3%。我国手机网民规模达3.03亿，就连农村网民规模也达到1.25亿，占整体网民的27.3%。[①] 中国已经是网民用户量居世界第一的网络大国。在中国也先后出现了一批又一批网络公司，从最早的瀛海威、笔电新人（ChinaByte）等到现在的以百度、腾讯、阿里巴巴、淘宝、新浪、搜狐、网易、奇虎360等为代表的大批互联网企业，它们推动着中国网络经济不断地向前快速发展。

从网络企业的诞生开始，关于网络企业的商业模式及其创新的讨论，就一直成为网络界、经济学界和管理学界研究和讨论的一个热点话题，这个讨论伴随网络热潮近十多年来的起起落落而从未停止过，因为商业模式对网络企业的创立和发展有着极为关键的作用，它决定了网络企业从创立到成长壮大的全过程。

如果说20世纪90年代中国网络企业商业模式还处于对美国网络企业商业模式的简单"拷贝"（copy）阶段，那么，进入新的千年以后，中国网络企业则开始进入真正的商业模式创新阶段，当时网络短信产业的兴起就是一个十分明显的例证。2002年底，在美国二板市场纳斯达克上市的搜狐和网易公司先后公开宣布盈利，标志着中国网络企业开始走出网络经济的寒冬，而这两家企业之所以能在当时"走出冬天"，率先实现规模性盈利，跟迅速成长的短信业务带来的巨额收入密切相关。从门户网站网络企业的现实发展来看，经过多年的竞争，当年所谓的门户网站模式（Portal）

---

① CNNIC，《中国互联网发展状况统计报告》，http：//tech. sina. com. cn/i/2011 – 01 – 18/18145105126. shtml，2011 年 1 月。

只剩下新浪、搜狐、网易、腾讯等几家，竞争留给各家的最大成果就是它们都有了庞大的用户群和极大的知名度。竞争的焦点，无疑就是谁能把这个庞大的用户群有效快速地开发，变成收入，即"各家化规模为速度"的能力。也就是说，在新的产业和市场环境下，门户网站的核心竞争力，将主要表现在商业模式的创新上，他们要想胜出，必须组织开发出更多、更新、更有效的产品和服务模式。① 实际上，当年的新浪、搜狐、网易等三大门户网站，经过差不多十年的商业模式演变和创新，如今在商业模式上已经有巨大不同，新浪网在 2009 年首先大举投入微博这种新兴的社交网站建设，在中国掀起了一场"微博革命"；搜狐、网易等则在网络游戏等领域有所创新和斩获。可以说，正是商业模式的不断创新和坚持，才使得这些早期领跑的互联网公司避开了被时代淘汰的命运。

就在中国门户网站激烈竞争的 2005 年，一家名不见经传的搜索引擎百度公司，成功登陆美国纳斯达克资本市场，并创下上市当日股票超过 100 美元的纪录；而另一家即时通信公司（IM）腾讯则登陆香港证券市场，至今这两家公司市值均超过 500 亿美元。进入 2007 年，一家刚成立两年的网络游戏公司——巨人网络再次让世人惊奇，成功登陆美国纽约主板市场，其 2007 年上半年利润更是创下超过 5 亿元人民币的神话；而电子商务公司阿里巴巴 2007 年在香港证券市场的上市，也创下冻结申购资金达 3500 亿美元的纪录，形成万人哄抢的局面。短短十年左右的时间，中国各种网络企业"乱哄哄你方唱罢我登场"，成为制造年轻的亿万富翁的摇

---

① 范锋、李学龄等：《门户究竟需要什么样的竞争力》，2003 年 5 月 21 日《北京现代商报》。

篮，创造了一个又一个企业神话。就在人们都在质疑这种神话是否有终结的时候，2010 年底和 2011 年上半年，包括当当网、优酷网、奇虎 360、人人网等又一批企业在美国上市，仿佛互联网有不竭的商业动力。这种网络企业发展一浪高过一浪，固然跟中国网络环境的飞速发展有关，但对于具体网络企业来说，成败的关键，则是网络企业商业模式以及商业模式创新的问题。

传统上把企业创新问题大致概括为三个方面：①制度创新，对于中国的企业来说，主要的方向是建立现代企业制度；②技术创新，新技术和新产品永远是企业必需的追求；③管理创新，企业采用新的管理技术，实践新的管理思想，更具竞争力。制度是基础，技术和管理是企业前进的两个车轮。[①] 但网络经济的发展给企业创新带来了第四个方面的问题——即商业模式的创新，正是网络经济的发展给企业创新带来了新的内容。

如果把企业的商业行为仅仅局限在产品和服务的买卖，那么所有商业活动的模式就没有本质上的差异：商业关系是我给你提供产品和服务，你给我钱；企业竞争的焦点是质量、价格和产品服务创新。但是，由于有了网络，可以更快速廉价地传递信息，可以通过网络手段在买卖之间产生实时的信息反馈，因此，企业和顾客之间正在建立超越简单买卖之上的更复杂的商业关系，在网络企业里，大量的免费产品和服务存在，很多基于全新理念、全新商业模式的企业诞生并快速发展，创造、汇聚了大量财富，成为全社会关注的中心。

在这一时代背景下，本书将研究主题确定为：在中国网络企业的商业实践基础上，以商业模式创新为主线，总结企业实践经验和

---

① 王超：《77 种网络经济创新模式》，序言，辽宁出版社，2000。

网络企业商业模式创新的内容及其基本规律，研究网络企业商业模式创新的指导理论和方法，探索中国网络企业的商业模式创新方法、实现途径和趋势。

20 世纪 90 年代中期，中国出现了第一家网络企业。虽然中国网络企业的历史并不长，至今仅是十多年的时间，但是在这十多年中，中国网络企业如雨后春笋般地涌现，不少网络企业取得了巨大的成功，网络企业作为一个整体，已经成为中国经济新的推动力量。因此，中国网络企业的丰富实践为本书的研究提供了土壤和基础。

正如前面提到的，商业模式的确立与创新一直都是中国网络企业发展实践中一个具有重大意义的课题，在中国网络企业的发展实践中，都产生了什么样的商业模式？这些商业模式之间的关系如何？是否有某些内在共性？对这些问题的回答构成中国网络企业商业模式创新的内容和基本规律，我们有必要对这些问题进行总结和归纳研究。

在对中国网络企业商业模式创新的内容和基本规律总结研究的基础上，我们可以发现，网络企业商业模式创新是遵循一些基本经济原理和规律的，也是有方法可循的，因此总结和分析网络企业商业模式创新的指导理论和方法，是网络企业商业模式创新研究的一个重要方面。

在网络企业实践中，我们也经常可以发现，有的网络企业拥有了很好的概念与创意，但是，由于各种因素的制约，这些概念和创意却并没有帮助企业进行有效的商业模式创新，这其实是网络企业商业模式创新的实现问题。可见，中国网络企业的商业模式创新的实现问题也是网络企业商业模式创新研究中的必不可少的环节。

综上所述，为了更好地推动中国网络企业发展，有必要理清中国网络企业的发展历程，并总结中国网络企业主要创造了哪些商业模式，分析归纳这些商业模式的主要内容，同时研究这些网络企业商业模式创新的理论和方法，最后对中国网络企业商业模式的实现问题和发展趋势进行研究，这些构成以商业模式创新为主线的系统的、完整的体系，也即本书研究的主题。

## 二 研究内容与本书结构

本书的研究内容主要包括三个部分：

第一部分对网络企业商业模式创新进行必要的概念研究和界定。网络企业、商业模式以及商业模式创新等都是一些新出现的概念，大家对这些概念的理解并不一致。根据中国企业的发展实践，并结合研究的主题，有必要先对这些基本概念进行研究和界定。另外，这一部分还将对中国网络企业的发展历程、商业模式的类型等进行研究。以上这些构成本书研究的起点和基础工作。

第二部分总结和研究网络企业商业模式创新的具体内容和基本方法。中国网络企业出现了丰富的商业模式实践，构成商业模式创新的具体内容。网络经济的出现引发了经济范式的变革，网络经济中出现了一些常见的经济现象，现象背后蕴涵了某些规律，这些构成网络经济学的基本理论，同时也是商业模式创新方法的理论基础。这一部分还将以网络经济的基本理论为指导，从商业模式的经营模式、收入模式和客户模式等三个关键环节和核心构成部分入手，探讨网络企业商业模式创新的方式、方法等基本规律。

第三部分总结探讨网络企业商业模式创新的实现途径和创新的基本趋势。概念或者创意是商业模式创新的源泉，但是要付诸实践，还需要一定的途径和方式，同时还需要技术、人才、资金等多种基础要素的支撑，这就是商业模式的实现问题。这一部分归纳中国网络企业商业模式创新实现的途径和支撑要素，并简单分析中国网络企业商业模式创新的一些基本趋势。

　　本书共计六章，结构如图 1 - 1 所示。

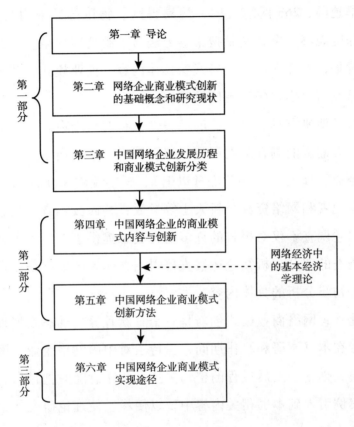

图 1 - 1　本书结构

## 三　研究方法

　　网络企业商业模式创新是一项新兴的企业管理实践，本书的研究采用了多种研究方法，具体说来就是实证研究和规范研究相结合而突出实证；整体研究和个案研究相结合而突出个案；归纳研究和演绎研究相结合而突出归纳。同时，在研究和写作过程中，应用了文献研究、定量分析、问卷调查、当面访谈等多种研究方法。

在研究过程中，先后选择近十家中国最有代表性的网络企业进行深入的实地调研，这些企业包括新浪网、搜狐网、百度、天极网、卓越网、263网络集团、搜易得网、腾讯等，采用员工访谈、现场深度观察、资料文献搜集等方法，了解这些网络企业的发展历史和背景，研究它们商业模式的具体内容、商业模式创新的过程与方法以及商业模式的实现问题等。

为了使研究具有更广泛的代表性，在调研结束之后，笔者还进行了更大范围的调查问卷研究。拟订调查问卷，向中国有代表性的网络企业管理人员（部门经理以上）、长期跟踪采访网络产业发展的媒体记者和网络资深分析人士等发放，共回收到有效问卷30份。这些问卷调查不仅对报告的许多研究成果提供了支撑和佐证，而且问卷调查的部分分析结论还被直接引用，作为中国网络企业商业模式趋势初步分析的具体内容。

此外，网络商业模式创新是一个日新月异的动态发展过程，因此笔者在本书调研和写作期间，保持了对中国网络企业和网络企业商业模式创新、发展过程的密切关注，并注意随时把最新的动态信息和案例引入到本书相关内容中，以便尽量使理论研究能跟上企业实践的步伐。

## 四 主要结论

本书共有六个主要结论。

第一，商业模式是一个全新的企业研究视角，其内涵是企业选择经营对象、经营方式和实现收益等三个方面的系列规则。因此，可以从经营模式、客户模式、收入模式三个方面来描述和分析商业模式。

第二，中国网络企业商业模式存在静态意义和动态意义上的丰富的创新，这些创新表现在接入产品和服务、内容产品和服务、网上服务以及电子商务等商业模式中。

第三，网络经济特有的经济现象和规律形成网络经济基本理论，这些网络经济基本理论包括注意力经济、网络效应、经验产品效应、锁定效应、经济范式变革、长尾理论、微创新理论等，它们构成网络企业商业模式创新方法的理论基础。

第四，中国网络企业商业模式创新存在一定的方法，从经营模式环节上看，包括寻求角色法、效率替代法、版本划分法等；从收费模式及环节上看，包括免费法、锁定效应法、版本划分驱赶免费用户法、注意力出售法、会员制法以及支付方式创新方法等。

第五，中国网络企业商业模式创新存在一定的实现途径，包括复制（copy）、并购、基于内部资源整合实现、基于外部合作等，领导者、技术和资金是中国网络企业商业模式实现的三个最关键因素。

第六，中国网络企业商业模式创新正在出现一些新的发展趋势。

## 五　本书的创新之处和不足

网络企业商业模式问题是随着网络企业的出现和发展在近几年新兴的一个实践问题。相关的理论体系尚未完全建立，本书以中国网络企业的发展实践为基础进行研究，最大的创新之处是以网络企业商业模式创新内容、创新方法、实现途径和发展趋势为主要线索，初步尝试建立了中国网络企业商业模式创新研究的基本框架。

从结论上看，本书创新性地总结了网络企业商业模式创新的一些基本结论，创新点及其分布如下：

第一，对网络企业、商业模式和网络企业商业模式创新等基本的概念进行了研究界定和创新。如提出了商业模式内涵包括经营模式、收入模式和客户模式三个关键环节和核心构成部分；再如提出了中国网络企业商业模式创新包含静态和动态两种层面的创新内涵等（第二章）。

第二，根据中国网络企业的发展特点，总结划分了中国网络企业发展的三个阶段（即诞生和发展阶段、深化调整阶段、收获和盈利阶段）（第三章）。

第三，总结了网络企业商业模式的分类体系和分类研究的基本原则（即全面性、准确性、包容性和层次性）（第三章）。

第四，总结并分析了网络企业商业模式创新的基本内容（即网络接入、网络内容、网上服务和电子商务等）（第四章）。

第五，总结归纳了网络经济所反映的五个基本经济学规律和理论（注意力经济、经验产品、网络效应、锁定效应、经济范式、长尾理论、微创新理论），并以此为指导，从经营模式、收入模式、客户模式三个方面总结归纳了商业模式创新的多种方法（第五章）。

第六，初步总结归纳了中国网络企业商业模式创新实现的四种基本途径，即复制、并购、基于内部资源整合和基于外部合作四种基本途径（第六章）。

商业模式创新是事关中国网络企业能否持续健康发展的一项重大实践问题，其内涵是十分丰富的，而其涉及的领域也是十分广泛的，有多种因素可能影响到商业模式创新的问题。本书仅以中国网络企业发展的实践为基础，对商业模式创新的一些基本问题做了初步的研究，并搭建了研究网络商业模式创新的初步框架体系，应该说这些研究还是远远不够的，还有许多问题值得深入研究，比如企业家在网络企业商业模式创新中的作用问题，再如网络企业商业模式创新对传统的管理理论带来何种影响的问题，以及如何对网络企业商业模式和创新进行评估问题等，都应该纳入网络企业商业模式创新的理论框架和研究视野。但是，限于作者的精力、资源以及网络经济在中国的发展尚处于初级阶段等主客观因素，这些问题都没能纳入本书研究框架之内，这给本项研究带来了一定的遗憾和不足，笔者希望在以后的研究工作当中，能继续跟踪中国网络企业日新月异的商业模式创新的实践活动，和国内外有志于此领域的专家学者一起，不断地把这一课题向纵深推进，把网络企业商业模式创新这一具有重大理论价值和实践指导意义的研究领域发展为一个横跨管理学、经济学、社会学等多学科的理论体系。

# 第二章
# 网络企业商业模式创新的
# 基本概念和研究现状

本章主要对网络企业、商业模式和商业模式创新等关键概念进行研究和界定，并对相关的文献和研究进展进行回顾和总结，以此作为本书研究的理论背景和起点。

## 第一节 互联网与网络企业的概念

目前，对于什么样的企业可以被称为网络企业，大家的理解并不完全一致。而对网络企业进行基本的概念研究和界定，是网络企业商业模式创新研究的起点。网络企业是伴随互联网的出现和发展而产生的一种新的企业类型，没有互联网就没有网络企业。因此，要想准确界定和理解网络企业，必须对互联网的产生和发展进行一些简单回顾和分析。

### 一 互联网的由来及其技术经济特点

今天全球超过 20 亿用户使用的互联网[①]，最初是美国和苏联

---

[①] 资料来源：国际电信联盟，http://news.sina.com.cn/w/2011 - 01 - 28/055521888640.shtml。

两个超级大国"冷战"对抗下的产物。1969 年，美国军方为了研究出一种在战争状态下保持军事指挥通信畅通的技术，美国国防部资助的高级研究计划局（Advanced Research Projects Agency，缩写为 ARPA）组织力量，按照分布设置、分组交换、资源共享、分层网络通信协议等原则建立了一个试验网，被称为阿帕网（ARPAnet）。这个网开始时仅有四个节点。

20 世纪 70 年代，阿帕网开发了电子邮件（e‑mail）、文件传输（FTP）等网上应用技术；1980 年代，这种新的网络技术由军用扩大到科研等领域，美国的教育科研学术机构纷纷把自己的局域网并了进来。这期间，有两项成为现今互联网最关键性的技术，一项是美国专家 1982 年为阿帕网成功开发的传输控制协议/互联网协议（TCP/IP），另一项是 1989 年欧洲粒子物理实验室开发的基于超文本传输协议（HTTP）的万唯网（WWW）技术，在此基础上形成迄今为止互联网上最通用的网间通信传输方式和用户访问方式。

20 世纪 80 年代末，互联网的用户还只有 10 万人。互联网的飞跃发展是在 1990 年代，特别是 1994 年互联网开始商业应用以后，大量的资金注入互联网，相关的技术和应用不断问世，用户规模飞速扩大。伴随着"军用—民用—商用"的过程，互联网经历了爆炸式的增长，网络的应用也越来越广泛，由此也诞生了越来越多的网络企业。

互联网的独特之处源于它的技术经济特点，国际电信联盟曾经把互联网的主要技术经济特点归纳为以下几个方面。[①]

---

① 国际电信联盟：《网络的挑战：互联网对发展的影响》，中国友谊出版公司，2000。

## （一）互联网的基本交换技术是包交换而不是电路交换

虽然互联网与传统电话网基本上都是在同样的线路上传输的，但是两者所使用的设备不同，通信方式也不同。互联网不像电路交换那样，通信时保持着排他性的专用电路，而是把信息分切成带有路由选择信息的数字数据包，由这些数据包自行选择路由实现通信。基于包交换的特点，用互联网通信可以更有效地利用网络资源，成本也更低。

## （二）对用户的分销定价主要是包月制，这与传统电话服务不同

对于采用电话拨号上网的用户来说，他们所支付的实际费用包括两部分，即互联网服务商的服务费和电话公司的线路使用费。传统电话的收费方式，大多是以使用为基础定价，即根据呼叫次数、通话时间和呼叫距离及通话时段等付费；而在世界上的许多国家，互联网服务主要的分销定价原则是包月制定价，不管距离远近、时间长短和使用量的大小，用户只需支付一个固定费用。

在批售定价方式上，与电路交换领域采用的会计汇率制度不同，互联网服务运营商之间的结算按照"对等与互通"原则进行。

与传统电话服务主叫与被叫接入电话公司之间的结算制度不同，互联网业务结算的原则是"对等与互通"安排。在商用领域，互联网不同流量规模的网络之间需要结算，表现为小网接入大网的支付和小网按数据流量差额对大网的支付。这样一来，发展中国家因在互联网的网络发展和内容资源上的劣势，不仅要为接入发达国家的大网支付整个接入链路的成本，而且要支付流入的更大的数据流量差额，从而成为结算的净支出方。

## （三）业务流的高度不对称

互联网上的业务特别是网上浏览业务，造成主叫方和被叫方业务流的悬殊。信息的主要流向是主叫方，从国际上看，发展中国家

更多地依靠发达国家。

国际电信联盟分析的互联网的主要技术经济特点，主要是从互联网与传统电信比较的角度归纳出来的。事实上，我们还可以从其他角度归纳出互联网的另外一些技术经济特点。如①技术开放性。国际上所说的"IP运行于一切（技术）之上（IP over everything）"和"一切（业务）基于IP之上（everything over IP）"指的就是互联网的这种开放性。前者是说在现有一切技术的基础上都可以运行互联网；后者是指在互联网技术的基础上可以发展方方面面的网上应用业务。②运营的机动性。互联网的市场进入相对容易，如启动资金比初入基础电信领域要少得多；互联网领域的规制和管理要宽松很多；互联网的种种业务间的搭配组合灵活，运营商可以针对用户的需要设计和提供个性化的服务等，具有机动灵活性。③即时交互性。互联网作为"第四媒体"已经越来越被社会所接受和认可，它与以往报刊、广播和电视相区别的一个最大的特点，就是它具有双向交流的交互性，并且这种交互性可以即时实现。④用户亲和性。互联网的超文本传输协议给用户展现了一个多媒体的网上世界，借助WWW和网络浏览器技术，用户在网上冲浪变得十分轻松和方便。而且，随着宽带网络的普及，网络传输速度的大大增加，视频、音频方面的信息内容的传输更加方便，用户亲和性更强。⑤信息容量无限性。网络作为信息传播的载体，所能容纳和传输的信息可以说是无限的，相比印刷媒体的版面限制和电视、广播媒体的时间限制等，互联网媒体的信息容量无限性具有传统媒体难以比拟的容量优势。这使得网络越来越成为人们获得信息和实现信息沟通的一个重要渠道。

正是互联网所有的以上这些技术经济和功能特点，促使了互联网在全世界范围内的爆炸式增长。正确认识互联网的技术经济特点是网络企业创业者明确定位选择自身经营战略、进行商业模式创新的前提，也是我们下一步研究网络企业及其商业模式创新的基础。

## 二 网络经济与网络企业的内涵及性质

简单地讲，网络经济就是指两方或多方通过计算机和某种形式的计算机网络（直接连接的网络或 Internet 等）进行经济活动的过程。网络经济的英文表述就是 "Internet Economy"。在不太严格的意义上，网络经济和互联网经济、数字经济、新经济是意义等同的。[①] 现在媒体上所说的电子商务基本上和网络经济也是同一个概念。但是在严格的意义上，电子商务只是网络经济的一个子集，只是网络经济中有关网上交易的部分。

对于技术专家来讲，互联网也许仅仅是基于 TCP/IP 协议的互相连接的计算机系统，但是对于社会经济来讲，互联网技术创新向商业应用转化的深入，使人类社会在 20 世纪末开始进入了一个全新的网络经济时代。互联网对一国的经济发展具有双重意义，一方面互联网可以作为传统企业提高效率的引擎，对传统经济产生巨大的拉动作用，"信息化带动工业化"是对这一作用的最生动、最直接的阐释；另一方面在互联网的基础之上，诞生了许多商业机会，可以并已经形成巨大的产业价值，雅虎、亚马逊、Google、Facebook 等世界企业巨头的出现和发展就是最典型的例子。

从互联网对社会经济的双重意义出发，对网络企业这一概念可以有不同的理解和界定。广义地说，随着互联网向人类生活的各个方面的渗透，互联网将成为社会发展的重要动力和引擎，任何企业组织的发展都将离不开互联网，也就是说，互联网作为企业参与市

---

① 吕本富、张鹏：《77 种网络经济创新模式》，辽宁人民出版社，2000。

场竞争的基本手段，将来任何企业都可以把互联网作为工具和平台提供产品和服务，企业网络化是个趋势和潮流，正如世界企业巨头国际商用机器公司（IBM）在十几年前所宣传的口号那样："要么电子商务，要么无商可务。"因此从广义上讲，网络企业可能就是所有的企业形态，将来任何企业都可以被理解为"网络企业"。网络企业狭义的概念所指的企业范围则大大缩小，是指由于互联网的出现和发展，诞生于互联网基础之上，基于互联网提供信息产品服务或产品交易，按商业原则规范运作的一种企业模式。需要补充说明的是，基于互联网提供信息产品服务或产品交易的是以网络内容提供、网络技术服务、电子商务等为主要经营内容的企业，而不是指电信运营商。网络企业是通过网络技术来进行商业活动、提供节目内容、电子邮件、信息搜索，以及广告发布传播来盈利，或者通过相关性再投资盈利；而电信运营商提供的是网络的基础设施服务，如光纤通路、数据传输来获得盈利，并且，在中国的特殊环境中，电信运营商基本上还是由国家控制和主导的，并不是完全意义上的企业，因此，本书定义和研究狭义的网络企业，不包括电信运营商。

网络企业是本书的一个十分重要的概念。虽然不同的人从不同的角度对网络企业的概念会有不同的理解，但是，本书作为理论研究，必须对研究对象有清晰的界定，否则，研究的结论可能会因为研究对象的宽泛而失去价值。很显然，本书定义的网络企业是前面提到的网络企业的狭义概念。

举例来说，从本书定义的网络企业来看，有一些企业，比如海尔这样的企业可能也会通过建立自己的企业网站，进行推广和销售，但是海尔不是因为互联网的出现而诞生的企业，而且，它的主要业务也不是基于互联网实现的，因此，海尔就不能列入本书定义的网络企业，从而也不属于本书研究的对象。再如近几年来，电子商务在中国快速发展，除了淘宝网、当当网、京东商城等一大批电子商务领导型企业出现并形成巨大的交易额之外，不少传统的企业也纷纷开始采用电子商务模式，如国美投资的国美电器网上商城、苏宁投资的苏宁易购网等，这些企业虽然要么交易、经营的主要是传统商品，要么投资方是传统的企业，但它们都是为迎合网络经济大潮而创立的，接受顾客订单等企业基本经营活动都是基于互联网的电子商务，因此，它们都是本书所定义的网络企业，也属于本书的研究对象范畴。

网络企业初期收入很少甚至没有收入，而其快速发展又需要大量的资金，因此，资金支持对网络企业是非常重要的，大多网络企业需要通过融资的方式，获得持续经营下去的现金流。按照网络企业的资金来源分类，网络企业主要可分为风险投资型网络企业和战略投资型网络企业。风险投资型网络企业是指由风险投资者与专业技术人员共同设立的，目的在于当网络企业具有一定知名度或具有一定业绩后，通过上市或把企业卖掉来获取风险利润的网络企业。战略投资型网络企业是指由一些资本实力雄厚的企业投资设立的，目的在于把网络企业作为一个新的具有发展前景的业务切入点或把网络企业作为为企业开拓市场服务的网络企业。

网络企业的实质是对传统市场进行改造并提升其效率的一种市场，在某些市场领域，则是对传统市场进行根本的替代，目的是节约交易费用。具体来说，我们可以对网络企业的实质有以下几个方面的理解。

**（一）网络企业是一种市场，体现着一种契约型的交易关系**

网络企业提供了虚拟的交易场所。网络企业的交易是通过因特网在网上实现的，互联网既成为交易各方完成交易的手段，又成为交易各方进行交易的虚拟场所。在网络企业中形成的交易关系，不仅包括劳资双方间的契约关系，而且更主要的是在这种交易关系中形成了企业与消费者、企业与企业间直接买卖各方的契约交易关系。

**（二）网络企业是对传统市场的一种改造或者替代**

一方面，过去在传统市场中进行的生产要素采购交易和最终产品购买交易，现在已经部分地为网络企业所取代。换句话说，即传统市场中的生产要素市场的功能和产品市场的功能已经部分地为网络企业所替代。另一方面，传统市场中所需要的一些交易程序和过程，如企业产品或服务信息的发布、达成交易意向、交易的谈判、签约、下订单等，已部分地为网络企业通过互联网所取代。

**（三）效率的提升和节约交易费用是网络企业生存的根本原因**

网络企业替代传统市场最直接的结果是节约了交易费用，诸如节约了广告费用，节约了搜索产品和发现相对价格的信息费用，节约了谈判费用，节约了签约费用等。同时，也正是节约了交易费用，才使得网络企业能够生存下来。

网络企业对传统市场的替代程度，既取决于企业的消费者对网络的认识程度和利用程度，又取决于网络企业自身的技术支持程度和发展水平，还取决于社会的信用水平、社会相关的基础设施的完善程度和对网络企业的支持程度、国家的政策和立法情况等。但有一点是肯定的，即网络企业虽然是对传统市场的一种替代，但却不能完全替代传统市场。这也是有必要对网络企业进行概念界定的原因。

## 三 互联网产业群与网络企业的基本领域

随着网络经济的实践发展和研究的兴起，近年来在学术和企业界逐渐产生了互联网产业群的概念，① 了解和分析这一概念，可以让我们对网络企业有更准确深刻的认识和理解。

互联网产业群是在互联网的基础上发展起来、围绕着互联网而形成的、由相关各类企业构成的群体。应该指出，由于互联网商用的历史不长，互联网产业整体上还处于发展的初期阶段，因此关于互联网产业群的边界、所包括的具体内容，以及这个产业自身发展的特殊规律等，人们也只能随着互联网产业的发展实践去逐步认识。因此，现阶段国内外新兴的互联网产业群的研究尚不可能形成定论。

实际上，在目前阶段，人们对互联网产业群构成的理解有着不同的观点。比如，同是在美国，一种代表性的观点是德州大学的四分法，该大学电子商务研究中心的研究者们把互联网产业群区分为：一是在线商务，主要是面向在线商务的网络运营商们；二是互联网基础设施；三是与互联网有关的应用技术，包括软件和服务在内；四是中介商，指网络中间媒介和内容服务商等。该大学的学者们进行此项研究，旨在定量地测度互联网对美国经济的影响，既研究纯互联网企业的发展，以及互联网对传统公司的影响。而另一种观点，如华尔街的研究者们，则从资本市场研究的角度，把由互联网相关上市企业构成的网络股分为三个部分，即分为网络技术软硬件的生产者（如 Cisco）、网络接入提供商（如 AOL）、网上服务商（如 Amazon）。

现阶段，大家倾向于把互联网产业群理解为：一个包含互联网基础平台、技术支撑、内容提供、增值应用等四个层次，各层次又分别由诸多不同类型的企业组成的产业群体（见图 2 - 1）。

---

① 汪向东等著《中国：面对互联网时代的"新经济"》，生活·读书·新知三联书店，2003。

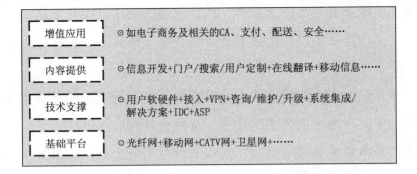

**图 2 - 1　互联网产业的层次与新兴的互联网产业群**

资料来源：作者调研整理。

图 2 - 1 所示的层次是一个简易的模型，事实上由于世界各国的技术条件、制度、文化、交易环境状况等不同，不同国家的互联网产业每一层次的内涵也不完全一致。在中国，网络基础平台层包括，建立在目前各电信网、广电网之上的互联网公用网，基于以上公用网和其他专用网络元素之上形成的现实及潜在的竞争网络，以及基于上述网络资源形成的各层各级网络运营商。技术支撑层，包括各类用户端产品（软、硬件）、基于各种技术的用户接入、基于底层网络资源建立起来的虚拟专用网络、实现互联网业务所需的咨询、维护、升级、系统集成、解决方案的提供、互联网数据中心（Internet Data Center，简称 IDC）、各种应用服务提供（Application Servce Provider，简称 ASP）等；内容提供层，包括信息资源的开发、网上的门户（Portal）、搜索服务、在线翻译、数据交换中心、各种专用信息，如适于移动互联网（M-internet）的信息提供等；增值应用层，是互联网产业群与应用互联网的广大产业或领域结合的界面，各种不同的产业或领域有不同的应用内容，因此它所包含的内容非常广泛，难以一一列举。以上是对互联网产业层次图的一个简单解释，当然，由于互联网应用的飞速发展，各个产业层次的内

涵都在不断丰富发展的过程中，而且，这些层次之间并不是十分严格地分开的，在各层次的边界处，也会有一些交叉，有时很难对之进行严格的界定。

从互联网产业的层次我们可以看出，本书所定义的网络企业只能诞生于互联网的这些层次之上，这些也就构成本书所定义的网络企业的基本领域和基本类型：基础平台类网络企业、技术支撑类网络企业、内容提供类网络企业和增值应用类网络企业。事实上，同互联网的产业层之间有时会出现交叉的情况相类似，网络企业的具体业务运营也未必会严格像这一模型所总结的层次那样，界限分明地只在某一层次从事经营和服务，而是会根据企业的实力、资源和发展战略需要，进入各层次业务领域，但是在目前的情况下，本书所定义的网络企业的基本领域却不会超出上述互联网的四个层次范畴。

另外，互联网产业群界定了网络企业的基本领域，但是这并不意味着网络企业的类型和概念内涵不再变化，事实上，互联网产业群的技术基础正在发生重大而深远的具有革命意义的变化。互联网相关技术与业务的发展相当迅速，导致互联网产业群本身发展得也非常之快。从互联网诸多元素的来源分析，我们可以发现，随着互联网的拓展，互联网产业覆盖的范围也不断扩大。它一是通过把原有的产业覆盖进来得到发展壮大，比如，随着互联网从最初的固定网络发展到移动网络，从窄带发展到宽带，原来移动话音网，有线电视网的基础平台、接入、内容和应用诸层次上的一些产业资源和经营活动，便被纳入互联网产业的覆盖之下；二是在此过程中，经过必要的技术改造，某些产业元素变成互联网产业的元素，如某些传统的信息资源经过必要的数字化和网络化后被用于在线访问，例如数字图书馆；三是完全基于互联网的商业应用出现了全新的产业元素，如伴随着互联网商用才出现的面向互联网用户的商业性咨询、培训域名业务等。这些都意味着，随着互联网应用的普及和发展，网络企业的类型在不断丰富，网络企业概念的内涵也在不断扩大。

## 第二节　商业模式与网络企业商业模式创新概念

本节研究界定商业模式与网络企业商业模式，以及网络企业商业模式创新等几个概念，从动态和静态两种意义上理解网络企业商业模式创新，并另外阐述两种意义上的商业模式创新的关系。

### 一　商业模式概念及其核心内涵研究

对于商业模式的概念，在学术界和产业界一直没有准确、一致的定义。

聂正安认为[①]"过去我们习惯于把单纯从事商品买卖的人称作商人，把商人所处的行业称为商业。在现代社会，大凡经济活动，几乎都包含着交易的成分，几乎都可被称为商业，不管是工业、农业还是服务业，其基本属性都是'商业'的"，正是基于以上的分析，他认为所有的企业行为取向都会表现为一定的"商业模式"，为此，他归纳定义的商业模式的概念是："一种由企业的基本制度、组织架构、管理规范、业务流程、经营战略等要素组成的企业运作机制，商业模式直接决定着企业的生存与发展状况"。他通过研究分析得出结论："不同凡响的企业都是由创新的商业模式造就的，企业是否属于新兴产业，企业产品是否属于高科技产品，这些

---

① 聂正安：《企业的商业模式创新》，《湖南经济》2003 年第 1 期。

因素不起主导作用"。聂正安对商业模式的理解是一种泛化的概念，根据他的定义，商业模式是先于企业的概念的，有企业就必然有商业模式。

清华大学雷家骕教授认为，企业的商业模式应当是一个企业如何利用自身资源，在一个特定的，包含了物流、信息流、资金流的商业流程中，将最终的商品和服务提供给客户，并收回投资、获取利润的解决方案。[①]

汪蓉等人对商业模式的概念总结得极为直白和简单："商业模式就是企业在其运行过程中使其收入大于投入而获得利润的方式和方法。"[②]

国外研究商业模式的学者中，琼·马格雷塔、阿普尔盖特等比较典型。琼·马格雷塔（Joan Magretta）在其发表在《哈佛商业评论》上的《商业模式的缘由》中，试图澄清商业模式的概念。[③]琼·马格雷塔认为，一个好的商业模式应当能够回答彼得·F. 德鲁克（Peter F. Drucker）的四个老问题：谁是我们的顾客？顾客重视的价值是什么？我们怎么从这项生意中赚钱？我们以适当的成本向顾客提供价值的内在经济逻辑是什么？按照琼·马格雷塔的观点，一个健全的商业模式由三个要素组成，即精确描绘的角色、合理的动机及开启内在价值的计划。让我们把它描述成图形的形式（见图 2-2）。

这里的角色是指参与生意的各方，包括企业、顾客、供应商、分销商等。动机是指各方参与生意的意图和需求。价值是指参与生

---

① 孙英辉：《关于企业商业模式创新的探讨》，《中国矿产经济》2003 年第 1 期。

② 汪蓉等：《制造企业的商业模式的创新与转型》，《工业工程与管理》2002 年第 6 期。

③ Joan Magretta, Why Business Models Matter, *Harvard Business Review*, May, 2002.

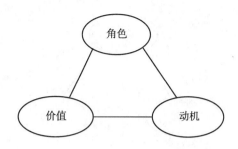

**图 2 - 2　琼·马格雷塔的商业模式框架**

资料来源：琼·马格雷塔：《商业模式的缘由》，《哈佛商业评论》。

意的各方，特别是顾客的偏好和利益，其内在的经济逻辑是以适当的成本向顾客提供价值并使企业赚钱。琼·马格雷塔把创造一个新的商业模式形象地称为"很像是写一个新故事"。她还认为，"商业模式"这个术语最初来自电子表格软件的广泛应用，它使得计划人员可以根据不同的假设方便地修改参数，从而得到不同的计划方案。从这个意义上说，建立商业模式的过程等同于科学方法在管理中的应用，即从一个假设开始，然后用行动来检验假设，必要时进行修改。

哈佛商学院教授林达·M. 阿普尔盖特（Lynda M. Applegate）的三要素商业模式模型也是一个比较有代表性的商业模式概念①（见图 2 - 3）。

其中，概念是指生意概念，它定义了市场机会、产品与服务、战略定位，以及如何创造收入流。价值是指顾客价值、财务绩效及利益相关者的回报。能力是指核心能力、运营模式、营销模式、组

---

① Lynda M. Applegate, F. W. McFarlan, and J. L. Mckenney. "Electronic Commerce: Trends and Opportunities". *Corporate Information Systems Management*, NY: McGraw2Hill Irwin, 1999.

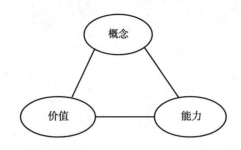

**图 2 - 3　阿普尔盖特的商业模式框架**

资料来源：林达·M. 阿普尔盖特，*Electronic Commerce：Trends and Opportunitiest*。

织与文化，以及资源。阿普尔盖特也强调要对商业模式进行收入模式和成本模式的检验。

以上列举了五种国内外比较常见的商业模式的概念。这些概念从不同的角度、用不同的方式对商业模式进行了定义和阐释。这些学者对商业模式的定义有共同之处，他们都指出商业模式是企业运行中多种要素的综合，而不是仅仅指企业运营的某一方面。笔者认为，这些概念有着重要的参考价值，也都反映了商业模式的一些本质，但是，对于进行网络企业商业模式创新这一深入的研究课题来说，这些概念都存在不够明确等方面的问题，难以直接运用，总的来说，聂正安的概念比较宽泛，他把企业的基本制度、管理流程、组织架构等因素都归入商业模式的内容，几乎涵盖了企业管理学的方方面面，让人很难把握商业模式的核心内容是什么；而汪蓉等学者所定义的商业模式的概念虽然简单、直白，但是她把商业模式定义为一种"使收入大于投入而获取利润的方式和方法"则显得过于空泛而且不够准确；国外学者在定义商业模式的时候，把握了管理学大师彼得·F. 德鲁克对企业的存在所提出的四个老问题，并以此研究商业模式的概念，笔者认为这些概念抓住了商业模式的本质问题，而且结构也相当严谨，不过无论是马格雷塔的商业模式框架中提到的三要素"角色"、"价值"与"动机"，还是阿普尔盖特的商业模式框架中提到的三要素"概念"、"价值"与"能力"，它们都还存在许多不确定的内容，给进一步的商业模式研究造成了一定的困难。

在提出笔者自己所主张的商业模式概念之前，笔者认为有必要对商业模式这一概念产生的历史作一点简要回顾，这对我们准确理解和定义商业模式非常重要。

虽然商业模式最早出现在 20 世纪 50 年代，商业模式的概念所归纳的对象也都指向所有的企业，但是笔者在研究中发现，商业模式这一概念在中文文献中大量出现只是近些年的事情。事实上，商业模式是一个来自英文的概念，其原意为"Business Model"，有人也译作"生意模式"，并且，英文文献中大量出现 Business Model 这个词，也是出现在 20 世纪 90 年代以后。互联网的迅速普及，带动了一大批像亚马逊（Amazon. com）这类基于互联网的公司的兴起。亚马逊自成立以来曾长期处于亏损状态，但其股价最高时竟达到 237. 50 美元，使许多老牌的绩优公司相形见绌。如何解释这种现象？人们将其归结为亚马逊公司基于网络的商业模式（Business Model）。一时间，商业模式这个术语在文献中大量出现，有的学者甚至认为网络企业商业模式代表了一种新的经济范式。

因此，笔者认为，不管商业模式的概念内涵如何，这一概念是因为互联网进入商业化阶段，随着网络企业的兴起而被开始大量使用的。从这个角度分析聂正安等人对商业模式的定义，显然是没有考虑到这一历史背景，仅仅是通过字面的含义而对商业模式所作的一种"望文生义"的定义。

通过上面的研究，我们看到，为商业模式进行一个准确的定义确实很难，这是因为，一方面，商业模式从一个全新的角度考察企业，是一个正在形成和发展中的理论和操作体系，不同的学者或企业人士有不同的看法。另一方面，商业模式涵盖了企业从资源获取、生产组织、产品营销、售后服务、收入方式、合作关系等几乎一切的企业活动，很难准确全面地对其进行定义。笔者在此尝试对商业模式下定义：商业模式是随着网络企业的兴起而出现的一个全新的企业研究视角，其内涵是企业选择经营对象、经营方式、实现收益的一系列商业规则，通俗地讲就是指企业从何赚钱和如何赚钱。

笔者所定义的商业模式概念，明确了商业模式这一概念是随着网络企业的兴起而产生的一个全新的企业研究视角。虽然任何企业都面临选择经营对象、经营方式以及实现收益等一系列问题，但是，正如前面所提到的，商业模式是随着网络企业的出现和兴起才被大量引用和研究的一个词，在网络企业出现之前，对企业的研究不是从商业模式的角度进行的，因此，商业模式概念是一个全新的企业研究视角。当然，随着商业模式理论体系的发展，这一视角完全可以发展成一种综合的企业管理理论体系，并适用于对所有企业的分析、研究，事实上，现在在网络经济领域之外的行业里，商业模式也会被经常引用，成为企业发展实践和学术研究的一个十分有用的概念。

笔者对商业模式的定义，还明确了其内涵是企业选择经营对象、经营方式和实现收益等三个方面的系列规则。因此，企业商业模式的内容大致可以从经营模式、客户模式和收入模式三个方面来描述，其中，经营模式是指企业的经营业态和方式，即提供产品还是提供服务；客户模式是指企业所服务目标对象的定位，即为谁服务的问题；收入模式是指企业获取经营收入的方式。从逻辑上看，经营模式、客户模式和收入模式这三个模式是互相依存、互相制约、互为补充的关系，三者共同组成完整的商业模式，缺一不可，笔者对商业模式的研究也主要围绕这三个模式展开（见图2-4）。

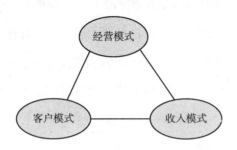

图2-4　本书的商业模式框架

由此可见，商业模式这一概念是一个有核心内在联系，多个相互依存、互为补充和支持的元素组成的整体结构，企业正是依靠这种整体性结构的创新和优化来实现企业发展和盈利的。

另外，需要补充说明的是，本书所提及的这些商业模式的概念中都没有提及商业模式的假定前提问题。实际上任何能够称为商业模式的案例，都必须遵循"可持续性"和"规模性"这两个假定前提。所谓的可持续性和规模性前提，就是说一种商业模式要成立，必须既能保持一定时期内可持续、重复性实现，又能达到一定的收入规模。比如，一个人在大街上捡到100元钱，我们就不能把"捡钱"当做一种商业模式，因为这种行为不可持续，也很难形成一定的规模。但至于可持续性和规模性要达到多长时间和多大的规模，则难以得到量化性的答案。我们讨论商业模式问题，只能说除了商业模式本身环节之外，可持续性和规模性都是我们需要思考的，甚至它们是判断一种商业模式优劣的重要标准。

## 二　网络企业商业模式创新的概念内涵

根据对商业模式的定义，我们知道，虽然商业模式是随着网络企业的兴起而产生的研究企业实践的一个新的视角，但是实际上，任何企业都有自己的商业模式，所谓商业模式创新，是指企业家创办新企业而采用不同于以往企业的商业模式，或者企业根据经营环境和内部资源的变化而改变和丰富其现有商业模式的实践活动。

网络经济的兴起对所有企业的商业模式都是一种崭新的机遇和挑战。在新的网络环境下，传统企业的商业模式会发生一些改变，也有全新的商业模式被创造出来，具体说来，网络时代的商业模式创新可以分为三类，一是传统企业常规的商业模式被改造，即传统的商业运作模式可以通过网络技术提供的方法和手段被改造，比如海尔公司通过搭建电子商务平台进行在线销售，从而部分改变了其以往的商业模式；二是产生新的商业模式，与传统的商业模式进行竞争，比如随着电子邮件服务的兴起，传统的邮政企业会失去一定的业务和客户；三是新经济所提供的全新的商业机会形成的新的商业模式，即传统企业无法企及的领域，用传统商业模式无法实现的手段向消费者提供全新的产品和服务。如 3721 国风因特公司[①]提供的网络实名这种网上专业技术服务，[②] 以及近两年来随着移动互联网发展而兴起的微博服务等。广义地说，这些变化都被称为网络时代的商业模式创新。

顾名思义，网络企业商业模式创新是指以网络企业为主体的商业模式创新。如上所述，虽然商业模式这一概念是随着互联网和网

---

① 该公司于 2004 年初被美国雅虎以 1.2 亿美元收购。

② 周洛华：《信息时代的创新及其发展效应》，复旦大学出版社，2005。

络企业的兴起和发展而引起大量关注和获得大幅发展的，但是，作为企业管理研究的一套全新的方法、体系和视角，商业模式的研究对象是指向所有企业的，并不特指网络企业。而出于本项研究的目的、研究的条件等原因，本书只关注基于网络企业的商业模式和商业模式创新，所以虽然在本书后面的部分，在提到商业模式的概念时，为了表述简单可能会省略商业模式前面的网络企业这一定语，但是，有必要在此明确，除非特别声明，本书所说的商业模式创新是只针对网络企业而言的。

为了更准确地界定网络企业商业模式创新，这里有必要分析前面提到的与网络企业商业模式创新相类似的一个概念：网络时代的商业模式创新。"网络时代的商业模式创新"是指在网络背景下以所有企业为主体的商业模式创新，它比"网络企业商业模式创新"这一面向网络企业的特定概念的范围要广。本书所研究的商业模式创新是以中国网络企业为主体的狭义的商业模式创新，具体说来，主要包括上文的网络时代企业商业模式创新中所提到的三类商业模式创新中的第二和第三类商业模式创新。

网络企业商业模式创新概念具有动态和静态两个方面的含义。首先，从静态含义上说，跟传统行业的企业类型相比，网络企业因为是近十来年才出现的新型企业组织，并且采用了跟传统企业商业模式不同的新型商业模式，因此，所有网络企业商业模式实践都可以视做商业模式创新，也即静态意义上的网络企业商业模式创新。其次，从动态含义上说，"商业模式的本质就是创新"，[1]任何商业模式都有风光不再的时候，企业必须随时审视和梳理自己既有的商业模式，主动发现弱点和机会，并进行适时调整，以应对变化，这

---

① 孙英辉：《关于企业商业模式创新的探讨》，《中国矿产经济》2003 年第 1 期。

样才能使企业立于不败之地，保证经营目的和盈利目标的实现。网络企业商业模式也不例外，必须对已有商业模式进行不断的调整和创新，而网络企业对已有商业模式的调整和创新，构成动态意义上的商业模式创新概念。

静态意义的商业模式创新与动态意义的商业模式创新具有十分密切的逻辑关系，共同构成网络企业的商业模式创新的内容。静态意义的商业模式创新是动态意义商业模式创新的基础，因为不了解现有的网络企业商业模式，从实践和理论上都无从理解动态含义上的网络企业模式创新；而动态意义商业模式创新是静态意义商业模式创新的丰富和补充，没有动态意义商业模式创新，则静态意义商业模式创新难以持续和成功。因此，本书中的网络企业商业模式创新在研究中并没有刻意区分静态意义的商业模式创新和动态意义的商业模式创新，而是把两种含义的商业模式创新都作为商业模式创新的内容进行研究，两者共同构成本书的研究对象。

## 第三节　网络企业商业模式创新的意义与研究现状

### 一　网络企业商业模式创新的意义

商业模式创新对网络企业发展有着至关重要的作用，我们可以从近十来年中国一些主要互联网公司的此起彼伏式的发展发现端倪。新浪网和网易这两个中国著名网络公司的竞争案例很能说明这一问题。新浪网是由一个叫四通利方的网络社区发展而来，通过两三年的积累，新浪向用户提供的全面、及时、丰富的内容便构成了其核心优势，2000年初，该公司更是利用其作为中国最早在美国上市的网站的优势，确立了在中国拥有最大的客户群和最大收入规模的中国第一大门户网站优势地位；作为一个追随者，网易公司于2000年7月在美国上市的时候，正赶上美国股市的低潮期，可谓"流血上市"，2001年网易更是几乎遭遇了灭顶之灾，因为假账风波使得网易险些被美国股市摘牌，股价最低时候跌到了0.63美元，其收入规模在2001年还不到新浪的一半。但是，从2001年开始，网易公司大胆地进行了商业模式创新，进军短信业务和网络游戏业务领域，这些商业模式创新给网易公司带来了良好的回报，经过短短一年多的时间，网易的股价在2003年突破70美元，暴涨了100多倍，收入也一举在2002年超过新浪，利润更是新浪的两倍多。百度公司在成立之初的几年，主要向其他网站提供搜索引擎技术服务，这家公司当时几乎处于入不敷出阶段。2002年以后，百度利用自己的搜索引擎技术，建立了自己的网站www.baidu.com，并尝试用竞价排名的方式出售关键词，收取企业的广告费用，竞价排名这种收入模式挽救了百度，2006年这家公司成功在美国上市，当日股价创下超过100美元的中国企业的纪录，而2007年，百度公司的股价更是创下每股超过400美元的历史高价，该公司的市值更是突破100亿美元，在之后的几年时间里，百度公司的业绩更是节节攀升，至今公司的市值已达差不多500亿美元。这都是商业模式创新对网络企业发展的一些很有启发意义的典型案例。

具体说来，商业模式创新对网络企业的关键作用在于，它决定了企业从创立到成长壮大的全过程：①商业模式创新是一个网络企业创立的前提和基础。对网络企业来说，它们提供的产品和服务基本上都跟信息有关，所谓信息，从本质上说，就是指可以被数字化的事物，数据库、软件、电影、音乐、新闻、网页等都可以称为信息产品。信息跟其他传统有形产品不同，它有自己特殊的成本结构和应用特性，在成本结构上的特殊性即"开发成本高，复制成本低"。一般说来，搜集、开发和生产信息的成本是非常大的，比如电影拍摄成本动辄上亿元，软件开发经常需要很多软件工程师花费大量劳动时间等，但是这些信息产品要传播或复制则非常低廉，上亿美元拍摄的好莱坞电影大片拷贝到光盘上，成本不到一美元，放在网上供无数人下载、传播的成本更低甚至可以忽略不计。在信息的应用特性上的表现则是容易对顾客产生"锁定"现象，"锁定"是网络经济时代经常见到的一种现象，本书后面会详细解释这一概念，简单地说，锁定就是指顾客从一种产品和服务转向另一种产品和服务所遇到的转移成本。上述这些因素在市场上很容易造成先进入者的先行优势，为后来者设定很高的市场壁垒，形成所谓"只有第一、没有第二"的市场结构。因此，新创网络企业要想在这一领域取得成功，必须要有商业模式的创新。②网络企业商业模式创新是一个网络企业成功发展壮大的关键。一方面，一个企业在逐步成长的过程中，往往会在其原有的业务范围内遭遇产业规模的"天花板"，为了发展壮大，它们经常需要根据自身的资源和核心优势，进行多种商业模式的调整和创新。比如对网络企业来说，他们最有价值的资产除了自己拥有的产品和服务之外，往往还有其忠诚的客户群，商业模式创新则是企业最有效的开发利用其客户资源、获取更大发展空间的途径。另一方面，网络企业在发展过程中经常会遇到资金缺乏的问题，一家网络企业在创业和发展的关键时期，得到风险投资商的资助，获得投资，是企业创立和实现发展目标的重要条件之一。商业模式创新则是解决网络企业获取发展所需资金这一问题的关键，因为创新的商业模式经常是风险投资商选择企业进行投资的重要考核指标之一。因此，自从网络企业诞生之日起，商业模式创新问题就一直是网络企业管理者、投资家、媒体等各界非常重视的一个关键问题。

　　从中国网络企业中最有代表性的几家门户网站网络企业的发展现实来看，经过几年的竞争，虽然偶尔有新的企业加入进来，比如即时通信企业腾讯 2004 年上线了门户网站 www.qq.com，但是门户网站只剩下新浪、搜狐、网易、腾讯等几家硕果仅存，竞争留给各家的最大成果就是都有了庞大的用户群和极大的知名度。而下一步竞争的焦点，无疑就是谁能把这个庞大的用户群做有效快速的商业开发，实现业务收入，即化规模为客户资源开发的能力。也就是说，在新的产业和市场环境下，门户网站的核心竞争力，将主要表现在商业模式的创新上，他们要想胜出，必须组织开发出更多、更新、更有效的产品和服务模式。① 因此，关于网络企业商业模式以及商业模式创新的问题，是网络企业面临的一个十分迫切的现实问题。

　　事实上，不仅网络企业的实践发展需要商业模式的创新，体现了商业模式创新的意义，而且，近年来，一些学者也开始注意到商业模式和商业模式创新在理论上的重要意义，黄卫伟教授在其《生意模式与实现方式》② 一文中，就强调了商业模式（生意模式）和商业模式创新的重要战略意义："生意模式不仅从要素角度，而且从要素之间的相互联系和相互作用的角度，解释了为什么竞争优势难以模仿，为什么单从生意概念或是核心能力，或是实现方式角度看似相似的企业之间在竞争优势上却存在巨大差异的原因。引入生意模式的概念，使战略不再是一些个别的成功关键因素，也并非像全部经营活动那样令人无从下手。它给出了一种分析和思考如何创造竞争差异的框架。生意模式在理论上和实践上体现

---

① 范锋、李学龄等：《门户究竟需要什么样的竞争力》，2003 年 5 月 21 日《北京现代商报》。

② 黄卫伟：《生意模式与实现方式》，《中国人民大学学报》2003 年第 4 期。

了竞争战略与企业整体经营活动的结合。"由于商业模式和商业模式创新是企业管理领域的一个全新的研究角度,而目前在理论上还没有形成完整的体系和框架,所以,网络企业商业模式创新对丰富相关管理理论也具有开创性意义。

综上所述,商业模式创新无论是在网络企业实践上,还是在相关管理理论上都具有十分重要的意义。

## 二 网络企业商业模式及其创新的研究现状评述

网络企业的商业模式和商业模式的创新问题一直是网络企业实践和理论研究的一个热点话题,已有不少学者对网络企业商业模式和商业模式创新进行了研究。

学者对各种类型网络企业的商业模式进行了系统的归纳,最有代表性的是网络经济学者吕本富,他从全球 500 多个商业网站中,选取了 100 多个商业模式,逐一归纳分析研究它们的内容。[①] 吕本富是国内较早系统地研究网络企业商业模式的学者之一,他的归纳是较好地理解网络企业商业模式的素材,给国内网络企业以一定的借鉴价值。但是,吕本富的研究只是对网络企业商业模式创新的静态研究,即网络企业出现以来,都产生了哪些商业模式,动态研究较少,由于网络企业商业模式创新是日新月异的,发展很快,两年前的归纳现在来看有很多已经成为历史;另一方面,他研究网络企业商业模式的时候,由于中国网络企业商业模式创新的实践还刚刚开始,因此,他所研究的案例多是国外的网络企业,对中国网络企业的商业模式创新较少涉及;最后,也是更重要的,吕本富先生的研究并没有总结出网络企业商业模式创新的一些基本规律,也没有

---

① 吕本富、张鹏:《77 种网络经济创新模式》,辽宁人民出版社,2000。

提出网络企业商业模式创新研究的基本框架。

　　网络企业商业模式到底有多少类型？一些学者对网络企业商业模式的分类进行了研究。对网络企业商业模式最容易也最常见的分类是按商业主体进行的分类，即企业—企业（B2B）、企业—消费者（B2C）、企业—政府（B2G）等，[①] 很显然，这样的分类很难能对网络企业的商业模式创新提供有价值的指南，吕本富等总结出一个混合性的网络企业商业模式分类框架，[②] 这个分类方法包含的商业模式很全面，但是，在这一分类体系中，某一特定的商业模式可能归属不同的类型，因而不是唯一的。Paul Timmers 基于交互模式和价值链整合提出了自己的分类体系，[③] 此分类体系提供了网络企业商业模式创新的一般思路。Michael Rappa 也对网络企业商业模式进行了不同的归类分析，共得出 9 种基本形式的商业模式，如经纪模式、广告模式、会员模式、社区模式等。[④] 这种分类也属于混合性分类，是被广泛引用的网络企业商业模式分类体系。Amir Hartman 等认为，网络时代正创造许多新的商业模式，其中能够改变创造价值的方式的商业模式只有五种，即电子商店、信息中介、信用中介、电子商务实施者和基础设施供应商/商务社区。他们指出，这一分类体系和归纳结果不纯粹是指网络企业的商业模式，而是包括了网络时代所有创新的商业模式。[⑤] 此外，还有一些其他的

---

① 高媛等：《电子商务》，企业管理出版社，2005。

② 吕本富、张鹏：《77 种网络经济创新模式》，辽宁人民出版社，2000。

③ Paul Timmers, Business Models for Electronic Markets, *Electionic Markets Journal*, 1998, 2.

④ Michael Rappa, Business Models on the Web, http：//ecommerce. ncsu. cdu/ business-models. html, 1999.

⑤ Amir Hartman et al. *Net Ready*：*Strategies for Success in the Economy*, McGraw-Hill, 2000.

网络企业商业模式的分类体系。网络企业商业模式的分类研究是网络企业商业模式创新研究的基础，如上面所提到的，不同的学者也有不同的看法，但是网络企业商业模式的分类研究到目前为止还多局限于电子商务型的网络企业，很多分类研究尚没有包括所有类型的网络企业，或者一些分类研究体系没有单独研究网络企业，而是把网络企业与传统企业归为一种类型。因而大都存在一定的局限，并不完全适用于本书所定义的真正意义上的"网络企业"，因此，在专门研究中国网络企业的商业模式和商业模式创新中，需要对此方面内容进行进一步研究。

网络企业商业模式创新的基本规律和基本方法是网络企业商业模式创新研究的主要内容之一，目前尚没有发现系统、全面的对这一领域进行研究的文献。西安交通大学方孜和王刊良教授提出了"基于分类的电子商务模式创新方法"，他们提出了 5P4F 的电子商务模式创新方法［5P 指产品（product）、定价（price）、渠道（place）、促销（promotion）和顾客定位（posi tion），4F 是指商流（businessflow）、信息流（informationflow）、资金流（capitalflow）、物流（logisticsflow）］。用产品、定价、渠道、促销、顾客定位、商流、信息流、资金流、物流，即 5P4F 可以对电子商务模式进行描述和分析，并可以为电子商务模式创新提供一种参考性的模式和思路，两位学者在此基础上总结了"元素属性创新"和"模式组合创新"两种电子商务模式创新方法。[①] "基于分类的电子商务商业模式创新方法"是对网络企业商业模式创新方法有意义的探讨，但是，这些方法只是对电子交易型网络企业而言的，并不适用于其

---

① 方孜等：《电子商务模式分析与方法创新》，《西安交通大学学报》2002 年第 6 期。

他类型的网络企业商业模式创新，因而不够全面，并且，这些方法基本上都是参考市场营销理论提出的一些未经网络企业验证的理论方法，自然没有充分根据中国网络企业的特点和企业实践进行验证，其实际的有效性有多大我们还不得而知。阿莫·哈特曼（Amir Hartman）和约翰·西弗尼斯（John Sifonis）都是世界著名网络公司思科公司的高级管理人员，他们撰写的《网络就绪：电子商务时代的成功战略》（*Net Ready*：*Strategies for Success in the E-economy*）是网络经济领域的一本很有影响的专著，[①] 他们在书中也谈到了商业模式创新的一些方法和策略，如产品和市场转型、重新构思产品和服务、重新定义价值和服务等，并提出了企业商业模式创新的分析模型，对研究网络企业商业模式的方法提供了一些思路。不过，他们的研究对象并不只是网络企业，而是所有的企业，他们出版这本专著的目的也不是研究网络企业商业模式的创新，而是指导企业如何在战略和策略上应对网络时代的来临，因为并没有大量网络企业商业模式创新的相关研究的篇幅，因而自然，也没有建立网络企业商业模式创新理论体系框架。

在研究文献的过程中，笔者也发现有些文献对网络企业中的某一类型的商业模式进行了具体的研究，如《电子商务》杂志在2002年第五期发表了一篇佚名文章《网络游戏业的商业模式创新》，该文对网络游戏的具体商业模式和商业模式创新作了详细的分析。但是这些文献基本上还是对网络企业商业模式创新所作的简单描述，并没有系统地提出网络企业商业模式创新的基本规律。

网络企业商业模式创新是网络企业实践者的一种知识创造，在

---

① Amir Hartman et al. *NetReady*：*Strategies for Success in the E-economy*, McGraw-Hill, 2000.

国外，许多人认为，进行商业模式创新的网络企业，往往需要投入大量的资源和智力，有时候很可能比发明一项新技术还要难，现代社会对新技术是有法律保证的，比如专利，因此，他们认为网络企业商业模式创新也应该受到法律的保护，有些文献在研究网络企业商业模式创新的问题时，对网络企业商业模式专利问题进行了研究。① "商业模式专利"从法律的角度对网络企业商业模式创新进行鼓励和保护。当然，中国还没有类似的法律和案例，目前这些中文文献多是根据国外的相关案例，尤其是美国的企业案例和法律进行介绍和分析②。

根据前面对商业模式概念的界定和研究，我们知道商业模式与商业模式创新的概念最初起源于网络经济的兴起，但是，目前商业模式和商业模式创新的概念已经被不少学者作为企业研究的一个新的视角和方法，因此，这些概念现在还经常被用来研究传统的企业。在文献研究中，笔者也发现有些文献从网络经济跟传统经济对比的角度，分析了网络企业商业模式创新的某些趋势。③

从上文综述的网络企业商业模式创新的研究现状来看，国内外不少学者对网络企业商业模式创新从不同范围、不同角度进行了一些有价值的研究，这些研究都是本书有益的参考。但是，网络企业商业模式和商业模式创新方面的研究还是相当缺乏，可以说理论研究远远落后于网络企业的实践发展。笔者在 2004 年中国期刊数据库中搜索关于商业模式的文献（含生意模式、商务模式等商业模式概念的不同说法），竟然只有 40 多篇文献，而商业模式方面的专

---

① 吴向宏：《商业模式专利在美国的状况》，《科技与法律季刊》2001 年第 2 期。

② 傅静坤：《网络企业商业模式专利初探》，《深圳大学学报》2001 年第 3 期。

③ 钱志新：《传统经济到新经济商业模式的十大转变》，《现代管理科学》2001 年第 6 期。

著书籍则更少，尤其是专门研究中国网络企业商业模式创新的专著还没有出现。总体来看，目前，国内外的网络企业商业模式创新理论的研究还呈现出明显的不系统、不完整、不全面、缺乏基本的研究主线等许多问题，尤其是网络企业商业模式创新是不断向前发展的、日新月异的企业实践，相关理论也必须在系统、完整的基础上不断创新，才能具有真正的指导意义，因此，网络企业商业模式创新的理论研究还十分有必要深入进行下去。

具体说来，网络企业商业模式创新理论尚未解决的问题有：网络企业商业模式创新理论的基本理论框架体系的建立和系统化工作；网络企业商业模式创新的内容、来源、实现途径等核心问题的研究；网络企业商业模式创新理论与传统管理理论的衔接问题等。另外，现有网络企业商业模式创新的理论和文献，主要还都是对国外网络企业商业模式创新实践的总结，很少有文献专门对中国网络企业商业模式创新实践的研究。

本书以中国网络企业商业模式创新实践为基础进行实证研究，通过构建系统化的研究框架，为网络企业商业模式创新理论的进一步系统完善和发展作出自己的努力，同时希望能够对中国网络企业商业模式创新实践提供理论指导和借鉴。这也是本书的理论价值所在。

# 第三章

# 中国网络企业发展历程和
# 商业模式创新的分类

本章主要对中国互联网和网络企业发展的历程进行总结和回顾，并从不同的角度对网络企业商业模式进行分类研究。

## 第一节 互联网在中国的发展

1987 年 9 月 20 日，当时任职于中科院的钱天白教授向西德卡尔斯鲁厄大学发出我国第一封电子邮件《越过长城，通向世界》，揭开了中国人使用 Internet 的序幕①。从此，中国开始了互联网的诞生和发展历程。

国外有研究认为，一个国家或地区互联网的发展会依次经历 5 个不同的阶段：一是当普及程度为零，即国内没有任何计算机连接互联网，但不排除有零星用户通过国际电话线经境外 ISP 接入互联网时，互联网在该地区的发展还处于"不存在"的阶段；二是当

---

① 中国互联网信息中心：《中国互联网发展大事记》，www.blogchina.com。

网络用户的普及率处于零到 0.1% 之间时，互联网在当地的发展进入"试验"阶段，此时网络用户的成分主要还是网络专业技术人员，应用范围有相当大的局限；三是当网络用户普及率处于 0.1% 到 1% 之间时，称互联网在该地进入了"建立"阶段，此阶段用户增长十分迅速，用户开始向非专业人员扩展；四是互联网用户普及率从 1% 向 10% 增长时，当地的互联网发展便进入了"公用"阶段，此时支持互联网发展的基础设施已经建立起来，互联网已应用于经济和社会许多方面，更多的非专业人士开始使用互联网；五是互联网发展的最后一个阶段是"普及"阶段，它所对应的网络用户普及率是在 10% 以上，表明互联网的应用已经达到相当高的程度，互联网成为社会公众普遍应用的工具。这一分期方法是完全基于普及率的定量方法。①

在我国，互联网领域的研究者和业界专家一般采用定性与定量相结合的分期方法，大致把国内互联网的发展阶段分为三个阶段。

第一阶段，1987 ~ 1995 年，是互联网的引入和非商用阶段。它又包括从最初的引入到 1994 年实现全功能专线联网的阶段，和此后到 1995 年非商用的教育科研网在全国布点发展这两个小阶段。在我国，1987 年中国科学院高能物理研究所（IHEP）首先通过拨号方式实现国际联网，向当时的西德发出了第一封电子邮件；1991 年 6 月，该研究所以一条数据专线，直接接通了美国斯坦福大学的斯坦福线性加速器中心，这是国内第一条与国际互联网联网的专线。此专线在开通的最初一段时间里，还只有 DECnet 协议，不能实现互联网的全部功能。到 1994 年 5 月，该专线才按 TCP/IP 协议

---

① MOSAIC, The Global Difussion of the Internet Project: An Initial Inductive Study, 1998.

完成了互联网的全部连接。在这一阶段，在国家自然科学基金委员会的支持下，有数百名科学家率先使用了互联网，他们成了国内最早的一批网络用户。此后，由中国科学院主持的中国科学技术网（CSTnet）和由原国家教委主持的中国教育科研网（CERnet）建立起来，实现了与互联网的专线互联。随着"百所联网"和"百校联网"计划的启动，这两个非商业性的教育科研网开始在全国布点发展，网络覆盖的范围从北京走向全国。

第二阶段，1995～2000年，是互联网的商业应用和快速发展阶段。1995年初，国内已经出现了最早一批民营互联网公司，如瀛海威、中网等。1995年5月，邮电部门开通了中国公用互联网——Chinanet；次年9月，原电子部通过吉通公司运营管理的另一个全国性公众商用计算机网——金桥网（China GBN）开通。这两个全国性的商用网在全国范围内布点覆盖，带动了各地ISP的蓬勃兴起。此后，联通公司运营的Uninet、中国网通和中国移动分别运营的CNCnet和Cmnet也进入市场，形成五大全国性商用网角逐市场的局面。此间，在1997年前后，网络内容服务商（ICP）开始在我国互联网领域兴起，后来逐步形成人民网、新华网等官方媒体网站和新浪、搜狐、网易等民营ICP各领风骚的阵势。基于互联网的电子商务也是在这一阶段被引入我国，企业对个人（B2C）和企业对企业（B2B）的电子商务网站纷纷建立起来，并出现了8848、实华开、阿里巴巴等一批知名的电子商务网络站点和网络公司。

第三阶段，2000年至今，是互联网与广大传统产业部门相结合的阶段。此前初步兴起的电子商务暴露出我国企业信息化水平不足的深层缺陷，在越来越多的企业初步接触和应用互联网的基础上，2000年国家经贸委等主管部门和电信部门联合发起了企业上网工程，并成立了全国信息化领导小组，以推进全国企业的信息化建设，提高企业应用互联网加强竞争力的水平。与此同时，从美国纳斯达克股市开始的网络股灾很快影响到全球网络产业的发展，网络经济中存在的泡沫成分开始破裂，这也从另一个方面推动互联网公司寻找与传统产业部门相结合的途径。互联网在我国进入一个更加扎实稳健发展的阶段，尤其是近年来，随着中国互联网的进一步普及，移动互联网，以及支付手段和物流体系的发展和完善，越来越多的资金被投入互联网行业，微博、电商、团购等涌现出不少成功的企业和产品，它们正推动中国互联网产业向纵深发展。

从定量的方面来看，CNNIC（中国互联网信息中心）每半年公布一次的我国上网计算机数、上网用户人数、CN下注册的域名数、WWW站点数、网络的国际出口带宽、IP地址数等相关统计数据信息，从整体上反映了互联网络在我国的发展历程及普及程度。对CNNIC历次调查中这些基础性统计数据的深入分析，也有助于我们更好地从宏观的角度把握互联网络在中国的发展状况和阶段。

## 一　上网接入设备的巨大变化

过去十多年来，随着计算机和各种通信终端在中国高速普及，以及三网融合、移动通信技术的发展，中国的网民在上网接入设备方面发生了巨大变化，经历了台式机、笔记本电脑、手机以及多种上网接入终端并用的各个阶段。根据最新的CNNIC数据，2011年，使用台式机上网的网民为73%，手机上网的网民则达到69%，使用笔记本电脑上网的网民增至47%（见图3-1）。

## 二　网民总体规模和特点

1998年，中国网民数量只有117万人，截至2011年12月底，中国网民数量突破5亿，达到5.13亿，全年新增网民5580万。互

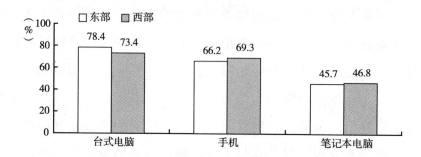

**图 3 – 1　中国网民上网设备情况比较**

资料来源：CNNIC，2012 年调研报告。

联网普及率较 2010 年底提升 4 个百分点，达到 38.3%。总结过去五年中国网民增长情况，从 2006 年互联网普及率升至 10.5% 开始，网民规模迎来一轮快速增长，平均每年普及率提升约 6 个百分点，尤其在 2008 年和 2009 年，网民年增长量接近 9000 万（见图 3 – 2）。

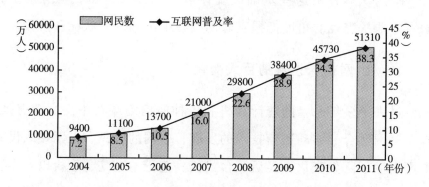

**图 3 – 2　近年来中国网民规模与普及率**

资料来源：CNNIC，2012 年 1 月调研报告。

　　而从网民上网的方式上看，家庭上网宽带网民规模达到 3.92 亿，手机规模则达到 3.56 亿，宽带上网用户和手机上网用户的规模不断扩大，对中国互联网产业发展和商业模式创新也产生了巨大的影响。

从网民上网行为来看,过去十多年来,也发生了巨大变化,主要表现在上网费用越来越低、上网时间越来越长等网络化特点。

## 三 互联网基础资源的发展

近十几年来,中国在域名、网站、国际出口带宽等互联网基础资源数据方面,都有巨大的发展和变化。在 CNNIC1998 年第一次发布相关统计数据的时候,CN 注册下的域名只有 4066 个,截至 2011 年底,中国域名总数 775 万,中国域名数量成爆炸式增长。中国的网站数也从 CNNIC 第一次统计时的约 1500 个,猛增到 2011 年底的约 230 万。1998 年前后,我国国际线路总容量只有约 25M (Mbps),2011 年,这一数据达到了约 139 万 M。

**图 3-3 中国 CN 域名数量增长情况**

资料来源:CNNIC,2007 年 6 月调研报告。

带宽与速度密切相关,带宽相当于互联网的"公路"宽度,带宽越宽,访问网站的速度就越快。中国国际出口带宽的大小是衡量一个国家与国外互联网连接能力的标准。目前中国国际出口带宽总量约为 139 万 Mbps。

综上所述,通过分析历次调查结果可以看出,从 1997 年 10 月 CNNIC 第一次调查到现在,我国互联网络在上网计算机数、上

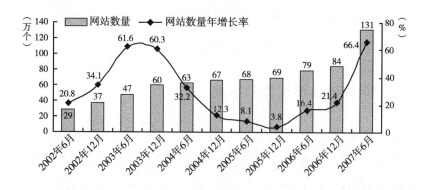

图 3 - 4 中国 WWW 站点数

资料来源：CNNIC，2007 年 6 月调研报告。

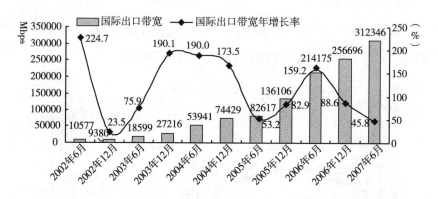

图 3 - 5 中国国际出口带宽

资料来源：CNNIC，2007 年 6 月调研报告。

网用户人数、CN 下注册的域名数、WWW 站点数、国际出口带宽、IP 地址数等方面皆有不同程度的变化，基本上呈现出快速增长态势。这些构成中国网络企业发展和商业模式创新的宏观环境基础。

## 第二节 中国网络企业和商业模式创新的发展阶段

1995 年，瀛海威科技公司在北京成立，当时有两家股东：张树新的天树公司和姜作贤的卧云公司，张树新任总裁。瀛海威被称为中国最早的一家网络企业，由此也开始了中国互联网商业化的历程。正是这一年，美国最早的网络企业之一的网景公司刚刚 IPO（首次募集上市）成功，这表明，中国网络企业的起步并不比美国晚多少。

对中国网络企业的发展阶段，不同的人有不同的划分方法。有人从对中国网络企业的整体直观感觉的角度，形象地把 1995 年以来中国网络企业的几个发展阶段的划分为蒙昧时代（拓荒）、劝说时代（孤独的启蒙）和今天的众声喧哗时代①。有人从中国网络企业发展热点的角度出发，结合国外的发展状况，提出接入为王、内容为王、应用为王、服务为王到商务为王等不同提法②，以划分中国网络企业的不同发展阶段，这实际上反映了当时的发展热点、舆论焦点，以及业界对互联网认识由表及里的变化。另一方面，也动态地反映了互联网逐步成行成市，成为产业、经济的全过程。

笔者认为，以上对中国网络企业的发展阶段的归纳和总结，从通俗和媒体传播的角度来讲是可以的，但是，作为学术研究，则欠缺精确和科学的逻辑。笔者认为，更科学准确地对中国网络企业的发展阶段进行界定分析，可以以几个标志性事件为切入口，来进行阶段划分和对各发展阶段的特点进行归纳总结。笔者结合自己的调研和网络企业的发展历史，认为中国网络企业可以大致划分为以下三个阶段：

## 一　诞生和高速发展阶段（1995 年~1999 年 7 月）

以中国第一家网络企业瀛海威科技公司成立为起始标志，到

---

① 佚名：《互联网——中国改革新动力》，http：//www. netfront. com. cn/magazine/0017/17_ 01. htm。

② 吕本富、张鹏：《77 种网络经济创新模式》，辽宁人民出版社，2000。

1999 年 7 月 12 日，中华网（www.china.com）作为第一只中国网络概念股在美国上市、登陆纳斯达克（NASDAQ）为第一阶段。这一阶段随着互联网基础设施在中国的快速建设和发展，以及美国众多网络企业神话般的创业故事给人们以越来越多启示，中国互联网进入商业应用阶段，并很快进入大发展时期，网络企业如雨后春笋般出现，成为经济社会舞台的焦点。

之所以用高速发展来形容这一阶段，是因为这一时期网络企业的创立速度之快令人咋舌，众多风险投资和战略投资资金进入这一领域，许多企业一夜诞生，并开始疯狂"烧钱"，在各类媒体上大做广告，注意力经济理论甚嚣尘上，据不完全统计，网络企业为新生事物，这一阶段仅在中国就有 2000 多家网络企业诞生，几乎每天都有一家新的网络企业成立，门户网站、电子商务网站、各种垂直网站及专业服务网站等网络企业主流产品和服务领域都开始出现，除了包括瀛海威、搜索客、亿唐、世纪互联等当年大名鼎鼎，现在已经销声匿迹的网站之外，现在仍活跃在经济舞台上并成为中国网络经济生力军的网络企业包括新浪、搜狐、网易等著名门户网站、263 等接入和电子邮件服务网站、3721 国风因特等网络实名服务商、当当等电子商务网站、天极 ChinaByte 等 IT 垂直网站等都是在这一时期诞生的网络企业。

从商业模式创新的角度来看，中国网络企业在这一阶段对商业模式创新的贡献主要是第二章提到的静态意义上的商业模式创新，是在中国网络经济领域里从无到有的一种创新，创新的主要方式方法表现为对国外网络企业商业模式的"模仿"（COPY）基础上，结合中国市场情况进行某种程度的改造。如新浪、搜狐等门户网络企业对美国雅虎（www.yahoo.com）公司商业模式的模仿和改造；天极（www.yesky.com）、ChinaByte（www.chinabyte.com）等 IT 垂直门户网站对美国 CNET 公司商业模式的模仿和改造、当当网对全球最大的电子商务网站亚马逊公司商业模式的模仿和改造、263 网站对美国 AOL 网络公司的商业模式的模仿和改造等；当然这一时期也有完全基于中国市场的商业模式概念上的创新，如 3721 公司一直致力的"网络实名"中文上网服务，就是在深入研究中国互联网的应用习惯、结合众多企业和机构的实际市场需求而出现的具有中国特色的商业模式创新。

## 二　网络企业发展高潮后的深化调整阶段（1999 年 7 月～2002 年 7 月）

继中华网在美国上市之后，2000 年的 4 月和 7 月，新浪、搜狐、网易三家中国概念股网络企业又先后在美国纳斯达克上市，以这几家最具代表性的中国网络企业上市，融资超过两亿美元为标志（尤其以新浪上市为主要标志）开始，到 2002 年 7 月，国内三大门户网站新浪、搜狐、网易先后公布自己第二财季财务报告，以不同的方式宣布中国互联网已经告别了烧钱时代，中国网络企业进入发展历程的第二阶段，即网络泡沫高潮后，主流网络企业盈利前的深化调整阶段。

新浪、搜狐、网易等三家中国门户网站的美国上市标志着美国纳斯达克市场为中国的高科技企业开通了一条融资渠道，2000 年 4 月 13 日，新浪网在美国纳斯达克上市，并以每股 17 美元售出，收盘价为 20.6875 美元，涨幅达 22%，筹资 6600 万美元，说明中国网络企业开始得到美国资本市场的重视和认可，标志着中国网络企业发展进入了新的阶段。但是，此前全球网络企业的畸形和盲目发展，造成全球网络产业的极大"泡沫"，终于导致 2004 年 4 月纳斯达克股市"崩盘"，从 5000 点的高峰一度跌至 3000 点以下，并且从此一蹶不振，网络企业成了最大的受害者，全球网络产业遭遇低谷，受此大环境影响，再加上中国网络企业发展过程中商业模式创新不足，过分盲目发展等因素，中国网络企业在这一阶段的发展高潮变成昙花一现，随后感受到网络的"寒冬"季节，开始了深化调整阶段。这一阶段网络企业发展最有代表性的特征就是收缩、并购或者破产，"流血上市"、裁员、并购、破产、高层人事斗争、转型等消息不断，与前一阶段网络企业如雨后春笋般创立，恰好成鲜明的对比。最有代表性的事件有：2000 年网易于 6 月底"流血上市"，交易当天就跌破发行价；2001 年 6 月 25 日晚，新浪网董事会全体表决通过，免去王志东董事、CEO、总裁职务，王志东亲手创立了新浪网，此前一直被媒体和公众视为"中国网络经济第一人"，他被免职让众多网络企业经理人感受到了资本的冷酷和无情；而 2001 年 8 月 8 日，"中国电子商务第一人"王峻涛宣布辞去 My8848 董事长一职，同时不再担任该公司的法定代表人更是让人对网络企业的成功发展大打问号；而从 2000 年 6 月 4 日全球华人网站——人人网并购中雇网和 360 全景网起，中国网络企业更是掀起了一次惊天动地的"并购狂潮"，2000 年搜狐公司发行 440 万股（当时市值 3000 万美元）购并 ChinaRen.com 网站，2000 年 TOM 用 480 万美元收购 163.net；收购鲨威体坛全部已发行股本及转让贷款；2001 年中国最大 IT 门户网站天极网收购中国最早的网络企业之一 ChinaByte 等。"裁员"对这一时期的网络企业更是家常便饭，而更多的网络企业则彻底地消失了，《互联网周刊》对这一阶段网络企业消失的比例估计竟然是 75%！[①] 中国网络企业在此阶段

---

① 佚名：《互联网周刊》，http://www.ciweekly.com/article/20031212/20031212276735_1.xml。

遭受的"阵痛"可见一斑。

263 网络集团的转型案例可以让我们对这一阶段有个更直观的认识。263 网络集团 1998 年进入互联网，最初核心业务是以其电信背景资源提供主叫拨号上网，是典型的电信增值 ISP，每年的利润有数千万。在网络发展的大潮下，263 网络集团 1998 年 5 月开始提供免费电子邮件服务，并很快成为中国最大的免费电子邮箱服务供应商之一，1999 年初和 2000 年初，公司定下寻求资本运作的战略，希望能像新浪等网络企业一样，能在资本市场上市，或者吸引风险投资进来，2000 年加大了对网站的投入，设立独立部门做网站内容（ICP），最高峰的时候，该部门多达 270 人，在国内知名度也得到极大提升，被誉为"中国门户新生带"企业的新三大门户之一①。但是，正是这样的一个企业，由于网络经济环境的低谷，一直没能得到风险投资，被迫在 2002 年开始调整，收缩甚至放弃了 ICP 业务，并对电子邮件进行全面收费。用 263 网络集团市场总监毛新的话说是，正是在这一阶段公司寻求资本运作破灭，自有资金不足以维持其在门户商业模式上继续进行探索，被迫战略转向，基本放弃了 ICP 业务，重点发展其"传统业务"：网络接入服务（ISP）。对于 263 的这一战略调整，当时业界批评良多，认为是公司决策失误，毛新在接受笔者调研时承认："263 收缩 ICP 业务的决策是对是错，其实在公司内部至今也存在完全不同的看法。不过，从当时的情况来看，网络经济处于低谷，公司得不到新的投资，资本市场对网络企业的价值不认可、不接纳，263 在自有资金不丰富的情况下，收缩是没有选择的，根本没有对错的问题。"

---

① 范锋、信海光：《抛弃雅虎模式　门户新生代开讲"后.COM 故事"》，《21 世纪经济报道》2001 年第 6 期。

当然，对中国网络产业的健康发展来说，"疗伤"所带来的痛苦固然让人难以接受，然而却是非常必要的，正是这一阶段的深化调整，使得更多的网络企业认识到，互联网能够带给人们的不仅仅只有美丽的梦想，还有市场本身的残酷和无情。没有商业模式的真正创新，网络企业就难以持续生存，这是企业和市场的本质规律和要求。由此，中国网络企业在商业模式创新上的表现开始摆脱前期的"COPY"阶段，真正开始了动态意义上的商业模式创新阶段，在这期间，网络游戏、短信等新型商业模式被开拓出来，最典型、最成功的案例是曾经因假账风波险些被纳斯达克摘牌的网易公司（www. netease. com）。

1997 年 5 月，大学毕业不到 4 年的丁磊开始了自己的互联网创业生涯。他用 50 万元人民币注册了网易公司，迅速成为中国南方乃至当时中国最有名的网站。2000 年 7 月 5 日，在网络热潮尚未退尽的时候，网易公司宣布首次公开发行股票，在美国纳斯达克上市，成为中国网络企业的代表性企业之一。2001 年 5 月，在全球网络经济处于低潮的时候，在美国传出网易财务报告做假的消息，这对当时业务营收艰难，仍处于严重亏损的网易无疑是雪上加霜。网易的股票一路下跌，最低的时候每股只有 0.63 美元，成了不折不扣的"垃圾股"，CEO 黎景辉和首席运营官陈素贞分别辞职，原本有意收购网易的一些公司也宣布停止收购，许多人都认为网易也许要面临破产了。[①] 正是这一年，网易公司加大了对网络游戏的开发和投入力度，组建了 50 多人的开发队伍，网络游戏是根据用户上网时间来收取费用的。公司旗下的网络游戏《大话西游》（Westward Journey）很快就成为该公司收入的一项主要来源，[②] 在

---

① 范锋：《中国网络企业纷纷变身》，《21 世纪经济报道》2001 年第 6 期。
② 佚名：《网易游戏》，《华尔街日报》，http://liuren. donews. com/donews/article/2/25407. html。

2002 年 7 月网易公司宣布盈利，成为最早盈利的中国主要网络企业之一，而在 2003 年的中国富豪排行榜上，网易的创办者和最大股东丁磊成为中国个人首富，这也是网络经济诞生的第一位中国年度首富。

## 三　主流网络企业进入盈利和收获阶段，新的商业模式创新层出不穷（2002 年 7 月至今）

2002 年，在中国的主流网络企业里，网易首先在第二财季宣布盈利，接着搜狐、新浪等上市网络公司都宣布盈利，以此为标志，中国主流网络企业进入新的发展阶段，也就是媒体上常说的"新盈利时代"。2003 年对于中国互联网来说更是不同寻常的一年。在这一年里，中国网民创纪录地达到了 6800 万；三大门户业绩出众，在纳斯达克全线飘红。网易的股票曾经还是每股不到一美元的"垃圾股"，2003 年却涨到了 70 美元一股。互联网的复苏，意味着中国互联网经过多年的不懈努力和积极探索已经走上了正轨，并且还将以更稳健的步伐迈进。这只是我们能从公开、可信的企业财报里看到的主流网络企业盈利的信息，事实上，在笔者 2004 年调研的接近十几家其他知名的网络企业里，几乎所有的这些被调研的企业都称自己已经盈利，如天极 ChinaByte、IT168、3721 国风因特、百度、卓越网、盛大、263 等，这也表明，中国的网络企业已经开始摆脱了仅仅靠"概念"创立、风险投资进入、运作上市的所谓"泡沫经济"时代的运作模式，进入良性发展时期，网络经济真正走向了踏实经营的产业化道路。

天极网曾经是国内最大的 IT 门户网站，也是中国 IT 垂直网站商业模式最早的探索者之一。在 2002 年以前的三年多时间里，这家公司一直是投入阶段，收入小于投入，靠前期风险投资资金维持运营。2003 年，这家公司在原来的网络广告、软件服务、网络培训等业务的基础上，通过商业模式创新，开发了短信业务、商情服务等新业务，并取得良好的经营业绩，终于在 2003 年实现了全面盈利，当年盈利数百万元。

事实上，仅从这一阶段公开上市的网络公司情况来看，这一阶段中国网络企业商业模式创新的情况也层出不穷，百度、腾讯、巨人网络等公司后来居上，至今这些新的互联网公司市值均高达百亿美元，创造了一个又一个网络财富神话，中国网络企业商业模式创新进入了一个全新的黄金时代。

近两年来，移动互联网的发展以及互联网与传统产业的结合和支付、物流等环境的改善，推动着中国互联网商业模式创新开始聚焦在移动互联网和电子商务等新的热点领域。微博异军突起，短短一年多时间微博用户就突破 2 亿，这跟智能手机以及移动互联网发展密不可分；团购在中国也风生水起，短短两年时间里，中国出现数千家团购网站，有力地推动了电商的商业模式创新。2011 年，腾讯、奇虎360、百度、淘宝、人人网等中国主流互联网公司均提出了开放平台的战略设想，这些变化毫无疑问，将推动中国互联网产业向纵深发展，很多人预测，这或将使中国互联网迎来又一个高速增长的十年，势必会产生出更多成功的互联网公司，也很可能推动中国互联网发展走向一个新的阶段。

中国网络企业能够发展到这一阶段，固然跟中国网络经济的大环境密切相关，但是，正如前面提到的，商业模式创新在其中起到了至关重要的作用。在中国网络企业进入普遍盈利这一阶段之后，商业模式创新更加重要。从门户网站发展的历程看，经过几年的竞争，2004 年之后的门户网站只剩下新浪、搜狐、网易、腾讯等几家，竞争留给各家的最大成果就是都有了庞大的用户群和极大的知名度。而竞争的焦点，无疑就是谁能把这个庞大的用户群做有效快速的开发，变成收入，即"化规模为客户资源快速开发"的能力。也就是说，在新的产业和市场环境下，门户网站的核心竞争力，主要表现在商业模式的创新上，他们要想胜出，必须组织开发出更多、更新、更有效的产品和服务模式。

从商业模式创新上看，这一阶段网络企业在商业模式创新实现方式上将有更多选择，一方面，是经过数年的发展和积累，网络企业对商业模式创新有了更深刻的认识和理解；另一方面，由于网络企业的普遍盈利，网络企业决策管理者将不用把自己的主要精力放在维持生存的企业运营上，也有了资金实力在更高层次上去实现商业模式创新，比如通过组建新的部门或者团队专门开发新的商业模式，或者通过并购相关企业去实现商业模式的快速整合与创新。应该明确，这一阶段企业的并购虽然在形式上与前一阶段的并购并无区别，但是在本质上是不一样的，在中国网络企业泡沫破灭、深化调整阶段，企业之间的并购往往是因为无法生存下去而被迫进行合并与并购，这很难真正实现商业模式的整合与创新，这种并购常被业界人士戏称为"为了度过寒冷冬天，两个刺猬抱在一起取暖"。而在现阶段，网络企业之间的并购，往往是强势企业为了迅速实现自己庞大客户群资源和其他资源的变现，或者为了进入新的战略业务领域，而利用其资金优势主动出击，通过并购实现商业模式的整合和创新。2003年爱特信公司（搜狐网）并购焦点网，就是为了快速增强自己在迅速发展的房地产市场上的影响力而进行的战略并购，从而开拓了企业商业模式的创新领域。

当然，网络企业和网络企业商业模式创新的发展阶段从不同的角度可以有不同的划分方法。相比前面提到的以中国网络企业直观感觉和中国网络企业整体发展特点等进行划分研究的方法来说，笔者以标志性事件与网络企业商业模式创新的实质研究划分中国网络企业和网络企业商业模式创新的不同发展阶段，更具有准确性和科学性，与本书的研究主题的结合也更紧密。所谓标志性事件，就是一定阶段里领导型企业发生的具有引导行业发展趋势和潮流，对本行业的发展带来重大影响的事件，如中国第一家网络企业瀛海威的创立、第一家中国概念股企业中华网上市、中国领导型网络企业网易公司盈利等，这些事件基本上都引导了该行业下一阶段的发展趋势和潮流，可谓"春江水暖鸭先知"。另一方面，从上面对各阶段的发展研究来看，笔者所划分的三个阶段，其实也是中国网络企业商业模式创新过程的三个不同发展阶段，网络企业发展的第一阶段，体现在商业模式创新上的意义多是"静态"意义上的商业模式创新；在第二阶段，则是网络企业商业模式"动态"意义创新的酝酿和准备阶段；而在第三阶段，则体现了中国网络企业商业模式"动态"意义上的创新，事实上，这也是中国网络企业普遍进入盈利阶段的根本原因。

## 第三节　中国网络企业商业模式分类

### 一　网络企业商业模式分类研究的必要性和现实意义

伴随着网络经济的兴起，越来越多的网络企业出现，越来越多的商业模式就会出现。正如本书第二章中对网络企业商业模式创新的分析所说，相比传统产业来说，这些网络企业商业模式无论是静态意义上的创新还是动态意义上的创新，都属于"网络企业商业模式创新"的研究范畴，因为静态意义上的创新永远都是动态意义上的创新的基础。在网络企业发展的初期阶段，对网络企业商业模式创新的研究可以不必分类，因为企业相对较少，用简单的列举法就能把网络企业商业模式的创新涵盖完全，早几年一些学者对网络企业商业模式创新的研究就是采用的这种办法，比如吕本富先生所著的《77种网络经济创新模式》。国外更有学者列举了上千种商业模式，但是，随着网络经济的发展和网络企业的增多，对网络企业商业模式的研究进行简单的列举就不太可能了，这就产生了网络企业商业模式分类研究的必要性和现实性：一方面，要想通过现有所有网络企业商业模式的简单描述、列举对网络企业商业模式创新进行系统、深入的研究已经不现实，也是没有价值的，根据适当的逻辑，对网络企业商业模式进行合理的分类，已经成为网络企业商业模式创新研究的一项重要的基础性工作；另一方面，网络企业间商业模式的重复度还是非常高的，商业模式的雷同或相似，给网络企业商业模式创新的分类研究提供了现实性和可能性。因此，网络企业商业模式创新理论，应该包括对网络企业商业模式的合理、科学的分类研究。

即便从实践的角度来看，网络企业商业模式的分类研究也异常必要。正如王刊良教授所说："几乎全世界都为因特网在商业上的成功应用而喝彩，无数企业纷纷购置设备和软件将企业与因特网联结起来，许多高技术企业投入大量资金建立网站大做广告（所谓的'烧钱'），大多数企业盲目照搬西方成功企业的模式而血本无归。因此，如下的一些问题不能不引起许多从业者和研究人员的关注和反思：①电子商务有哪些基本的模式，这些模式是根据什么体系来分类的？②如何在基本的电子商务模式分类的基础上创新，创造适合企业自己特殊情况的新型商务模式？"[①]

王刊良先生的分析其实也从另一个角度说明了分类体系对商业

---

① 王刊良：《基于分类的企业电子商务模式创新方法》，《系统工程理论与实践》2003年第3期。

模式研究的重要性，分析总结现有各网络企业商业模式的合理分类，一方面可以为网络企业模式创新提供一般的参考性的框架、思路、方法和步骤，以及辅助创新工具；另一方面，可以为商业模式设计提供方法论指导，对所设计的模式进行系统性评价。此外，这些研究结还有助于企业制定切合实际的商业模式实施策略。

## 二 国内外网络企业分类研究的现状

从全球范围来说，推动网络经济发展的动力一方面来自像 IBM、Microsoft、Oracle 等为电子商务提供基础设施的信息技术公司，更重要的是来自利用互联网和 Web 技术创造前所未有的商务活动方式以及对传统商务活动进行变革的力量。亚马逊（amazon. com）、DELL（dell. com）、雅虎（yahoo. com），以及 eBay（ebay. com）等正是这股力量的杰出代表。商业模式的创新使得亚马逊在短短四年时间里成长为超过传统产业巨头巴诺公司（barnesandnoble. com）的全球第一大书店，直销模式和虚拟整合（virtualintegration）使得 DELL 公司迅速成为 PC 市场的佼佼者。商业模式创新已成为网络新秀和传统企业开拓市场创造利润的主要手段之一。在此情形下，发达国家不断创造出新的基于电子商务的商业模式，而对商业模式的分类研究也是最早在国外开始的，即便是在目前，国内对网络企业商业模式的许多名称，都是直接从国外引进的，如所谓的门户网站（Portal）、内容提供商（ICP）、社交网站、团购网站等。

目前，对网络企业商业模式认识最广泛也最容易接受的是按商业主体进行的分类，即企业—企业（B2B）、企业—消费者（B2C）、企业—政府（B2G）和消费者—政府（C2G）等[1]。显然，这样的分

---

① 高嫒、欧阳志明等：《电子商务》，企业管理出版社，2005。

类不能为企业进行商务模式创新提供任何有价值的指南。

在 1999 年，国外就有人列出创新网络企业商务模式，达百种之多，[①] 2000 年中国科学院学者吕本富在对国外的网络企业商业模式进行研究的基础上，列出了 77 种商业模式介绍给国内的网络企业[②]。吕本富等总结出了一个混合性的电子商务模式的分类框架，该分类框架基本上采用了两个层次的分类体系，但缺乏一致的分类体系，因而是一种混合型的分类。由于采用了混合型的分类体系，覆盖面比较广，包含的商务模式很全面，但某一特定商务模式在此体系中可以归属于不同类型，因而不是唯一的。

Paul Timmers 所提出的分类体系基于交互模式和价值链整合[③]，一般需要识别价值链要素（如采购物流、生产、销售物流、营销、研发、人力资源管理等）、交互模式（即 1 对 1、1 对多、多对 1 和多对多）。利用此方法可以构建许多不同的商业模式，不过其中只有一些在现实中是可行的。此分类体系提供了商业模式创新的一般思路。注意到其中的有些商务模式是传统模式在因特网上的翻版（如 e-Shop），有些则通过创新方法增值（如价值链整合）。

Michael Rappa 对因特网上的商务模式进行了归类分析，辨识出了九种基本形式的商业模式。包括经纪模式、广告模式、信息中间人模式、商人模式、制造商模式、会员模式、社区模式、订阅模式和效用模式[④]，这种分类也属于混合型分类，也没有采用完整一

---

① The Top 100 E-business Innovators, *Anonymous*, *Info World*, November 20, 2001, http：//www. infoworld. com.

② 吕本富、张鹏：《77 种网络经济创新模式》，辽宁人民出版社，2001。

③ Paul Timmers, Business Models for Electronic Markets, *Electronic Markets Journal*, 1998，8.

④ Michael Rappa, Business Models on the Web, http：//ecommerce. ncsu. edu/business-models. html.

致的分类体系，覆盖面相当齐全，几乎所有的商务模式都在其分类体系之中。Rappa 分类是被广泛引用的分类体系。

Paul Bambury 从新的商务模式与旧经济中的商业模式的差异角度出发，将因特网商务分为两个大的类型：移植的真实世界的商业模式（Transplanted Real-world Business Model，简称为移植模式）和因特网与生俱来的商业模式（Native Internet Business Model，简称为禀赋模式）。此分类体系的一个突出优点是，它区分新旧经济特有的商业模式。该分类体系有着鲜明的指标体系，这个指标体系在概念上也是完整的和一致的，覆盖面无疑是相当全面的，不足之处在于，对这两种分类下的模式没有给出进一步的分类。

此外，在媒体界和网络业里，也大致流行一些通俗的分类方式，这些分类方式并没有很严格科学的定义，很多只是约定俗成的一种分类体系，但是，由于网络企业商业模式是一门实践的科学，这些分类体系又在实践中具有很大的影响力，为人们所广于接受，是学术研究不可忽视的，有很大的借鉴参考价值。如在中国互联网领域里很有影响的杂志《互联网周刊》近几年每年都会评选中国网络企业百强，他们把网络企业分成了八大类，即信息服务（如网易、新浪、人民网等）、专业服务网络企业（如前程无忧、阿里巴巴、卓越网等）、行业网络企业（如中国化工网、中国纺织网、慧聪商务网等）、IT 网站（如天极 ChinaByte、中关村在线、赛迪网等）、网络服务（如 263、3721、腾讯等）、传统企业网络企业（央视国际、华夏证券网、瑞星安全资讯网等）、教育网络企业网站（如网上人大、四中网校、新东方教育在线等），以及娱乐网络企业（如盛大网络、联众在线、17173 等）。

## 三 网络企业商业模式分类的原则探讨

网络企业商业模式的分类研究要做到对网络企业商业模式分类的

合理、科学和有进一步研究的价值，本书认为应遵循以下几个原则。

全面性。即网络企业的分类体系要尽量能涵盖所有的有代表性的网络企业，争取做到全面。正如上文所解释的，正是网络企业商业模式的增多使得网络企业商业模式分类研究变得异常迫切，网络企业的分类体系作为一种分类体系，可以通过模型化和概念化的研究工作来归纳建立，但是这种归纳要在保证信息完整的情况下才有价值和意义。

包容性。即分类体系要有一定的宽度和信息容量。否则分类体系将缺乏足够的使用价值，也就失去了分类研究的意义。

准确性。即在分类体系中，要注意界定好每一类别的准确边界，如果一个商业模式既能在这一类别中，又能划归到另一类别中，就很难保证这样的分类体系是科学准确的了。

层次性。在复杂的分类体系中，一般都要有一定的层次，这是包容性和全面性所要求的，没有层次，就很难保证分类体系的全面性和包容性。

## 四 本书对网络企业商业模式的分类体系

由于商业模式的概念内涵是非常丰富的，而且网络企业众多，不同的企业就会有不同的商业模式，从不同的角度，也会得出不同的网络企业商业模式分类。网络企业商业模式分类并不必然要求整齐划一，而是要根据研究的目的和要求，尽量做到科学合理。有价值的商业模式分类体系一定要抓住网络企业商业模式的本质，尽量体现全面性、完整性、包容性等多项原则。

正是基于以上认识，本书在研究过程中，结合中国网络企业发展的实际状况和根据论述的需要，采用了以下两种分类方法和体系：

### （一）基于不同接入技术基础的分类

首先，从技术的角度，可以分为窄带、宽带和无线互联（移动互联网）三类网络企业和网络企业商业模式。

虽然互联网是一个全球互联的网络，但是人们接入这个无形网络的速度和方式是不一样的，据此，人们常根据接入的速度和方式将互联网分成窄带、宽带和无线三种类型，从有线接入情况来看，人们习惯把接入速度在 56Kbs（千字节/秒）以下的接入方式称为窄带，这主要是指通过电话拨号和 Modem 实现上网的最快速度。

互联网应用的丰富和业务量的爆炸式增长带来接入速度的瓶颈问题，而宽带接入，实际上是指包括了以高速率传输大量包含数据、视频、文本和语音信号的接入技术，它可以利用线缆（铜或光）、也可以利用卫星或无线等其他手段实现。现阶段宽带接入技术主要有：不同的数字用户线（xDSL，主要有 ADSL、SDSL、IDSL、VDSL 等），线缆调制解调器（cable modem），宽带以太网，无线宽带接入和卫星宽带接入等。当前，应用最多的是前两种。

在 xDSL 系列中，非对称数字用户线（ADSL）的下行速率最高可达 8Mb/S，上行速率最高可达 1.5Mb/s，主要适用于住宅用户，而升级的对称数字用户线（SDSL），提高了上行速率，可支持企业用户的远程教学和会议电视等应用。ADSL 无须安装新缆线，利用现有的入户电话线就可提供比现速高 10~100 倍的互联网接入，因此发展 ADSL 成为现有电信运营商的首选。而 Cable Modem 主要优势是依托覆盖面极广的有线电视网，传输速率快，但由于传统的有线电视网是单向传输的广播通信网，用有线电视网作为宽带接入网的缺点是需对原有网络进行双向传输的技术改造。宽带以太网接入在企事业用户和新建小区用户方面也有相当大的市场。

前面所说的两种接入概念都是通过有线方式实现的，而从技术上来说，无线接入也可以成为互联网接入的实现方式，也就是目前大家常说的移动互联（无线互联）。移动互联是移动通信和互联网发展到一定阶段时必然发生的结合，移动互联网本身具备的种种技术经济特点，决定了移动通信和互联网两者的结合是信息化过程中一个必然的趋势。具体来说，移动互联的技术经济特点主要包括：①移动性/便携性。移动互联网作为移动通信的应用，它最基本的优点就是可以消除固定网络的通信线缆对用户位置的限制，从而能够满足用户对于诸如移动办公、移动上网等方面的需要，为用户提供更多的便利。就像移动电话较之固定电话所显示出的优越性一样，移动互联网较之固定互联网在其移动性和便携性上也同样吸引用户，特别是可以满足那些经常处于移动状态又需要互联网服务的用户。②个人化。基于现阶段技术，移动互联网可以使用不同的终端设备接入，但最大量、最重要的移动终端便是可上网的手机。鉴于手机一般为用户个人所有，不像固定网络终端那样，一部终端往往有多人共同使用，加上移动运营商可以分辨用户的个人身份，因此在移动终端个人化的基础上，可以发展出许多极具个人色彩的移动互联业务。③安全性。较之目前的固定互联网而言，利用手机本身的和移动互联网及移动商务等的一系列安全技术，如 SIM 卡、PIN 等，运行于移动互联网之上相关业务可以实现比固定互联网更高的安全性。④易用性。影响个人计算机进入家庭和进一步普及的一大障碍，是 PC 在技术操作上的复杂性，与之相比，使用手机上网，可以降低人们的学习成本，用户终端的便于操作有利于该项技术的普及应用。⑤无处不在。由于摆脱了通信线缆的束缚，因此，移动互联业务可以在有线网的盲区使用。身处地球上那些不易铺设有线网络或铺设有线网络不经济的地区的人们，利用不同的移动终端上网，可以接入网上的内容与应用业务。⑥一直在线。目前的移动通信技术正处于由第二代向第三代技术演进的过程中，这一过渡要完成的一项重要任务，就是实现从电路交换向数据包交换的转变。通用无线分组业务（GPRS），是从 GSM 网迈向 3G 的重要的阶段性技术，基于 GPRS，就像固定互联网以专线接入一样，用户终端与网络的连接便可以保持一直在线的状态，适应此类特点的应用业务便可以发展起来。

在 2005 年之前，基于窄带类型的网络企业和商业模式还是网络企业服务的主流，也是中国互联网发展必经的阶段之一。在这一阶段里，基于跟手机结合的短信息（SMS）的商业模式创新，一度是使中国不少主流互联网企业进入盈利的商业模式之一。在这一阶段的主流网络企业里，网易是最先建立短信商业模式并大获成功的企业之一，从 2002 年获得了连续四个季度超过 50% 的短信收入环比增长，为网易的率先盈利立下汗马功劳。

宽带和移动互联由于其本身具有的优点，在 2005 年之后都取得了快速的发展，根据 CNNIC 的《中国互联网发展状况调查统计报告》数据，截止到 2007 年 6 月底，中国的宽带上网用户已经占到 75%；无线接入（包含手机上网）已经达到了三分之一。而到了 2011 年底，数据显示，家庭电脑上网的宽带用户已经占到家庭电脑上网的 98.9%；手机网民规模则达到了 3.56 亿，中国互联网也由此逐步从窄带进入到宽带和移动互联网时代，移动互联网也成为网络企业竞争的热点，一些基于宽带和无线互联的网络企业或者商业模式正在出现和快速成长。比如视频类网站是受益于中国进入宽带时代的比较典型的一种商业模式，优酷网、土豆网、酷 6 网和奇艺网等都是在 2006 年以后开始出现并快速成长，其中酷 6 网、优酷网、土豆网都以不同方式在创立四五年后在海外资本市场登陆，用户数、用户在线时长和广告收入均呈现高速增长势头，据媒体报道，2011 视频网站收入规模首次突破 50 亿元，其中仅优酷网在 2011 年的收入就接近 10 亿元规模。而中国手机上网用户在近几年爆发性的增长，也推动了微博的快速发展，正成为继搜索引擎之后又一个互联网的重要入口。虽然到目前，微博这种社交媒体尚难言已经有比较清晰、完整的商业模式，但用户规模的快速膨胀，以及互联网开放平台产业模式的逐步成形，微博的商业价值已经被广为看好。

### （二）　基于互联网产业群角度分类

前面提到的互联网产业群的概念也可以帮助我们建立一套相对完整的网络企业商业模式分类体系，互联网产业群是在互联网的基础上发展起来、围绕着互联网而形成的由相关各类企业构成的群体，这样我们可以根据互联网产业群的四个层次，即基础平台、技术支撑、内容提供、增值应用等来区分不同的商业模式（见图2－1）。

与此相对应，基于互联网所诞生的企业也就只能包括上述四类企业。在中国，网络基础平台层，包括建立在目前各电信网、广电网之上的互联网公用网，基于以上公用网和其他专用网络元素之上形成的现实及潜在的竞争网络，以及基于上述网络资源形成的各级各层网络运营商。技术支撑层、包括各类用户端产品（软、硬件）、基于各种技术的用户接入、基于底层网络资源建立起来的虚拟专用网络（VPN）、实现互联网业务所需的咨询/维护/升级、系统集成/解决方案的提供，互联网数据中心（IDC）、各种应用服务提供（ASP）等，内容提供层，包括信息资源的开发、网上的门户（PORTAL）/搜索服务/用户定制服务、在线翻译、数据交换中心、数据仓库、数据挖掘、各种专用信息如适于移动互联网（M-Internet）的信息提供等；增值应用层，是互联网产业群与应用互联网的广大产业或领域结合的界面，各种不同的产业群或领域有不同的应用内容，因此它所包含的内容非常广泛，难以一一列举。

在基础平台层次，国内目前有五大全国性的商用互联网运营商：一是，中国电信拥有最为雄厚的电信网络基础设施，中国电信数据局负责的 Chinanet 在国内拥有最多的互联网用户，因此中国电信是最重要的第一类运营商。二是，中国移动拥有全球最大的、属于第二代移动通信技术的 GSM 数字移动通信网。依此为基础积极开发第 2.5 代移动通信技术通用无线分组系统 GPRS，2000 年 12 月中国移动在全国 16 个省（自治区、直辖市）的 25 个城市启动了 GPRS 网络一期工程，从而构筑起旗下 Cmnet 移动互联网业务赖以运营的新的网络基础。三是，中国联通也在大力建设自己的网络，包括固定网和移动网，在移动通信方面除了 GSM 网以外，码分多址网（CDMA）也是联通公司网络发展的重点，这也是联通所属 Uninet 互联网业务的网络基础。四是，吉通公司是中国最早向公众提供互联网业务的运营商之一，吉通负责运营的中国金桥网（ChinaGBN）也是国内互联网市场上的著名品牌。金桥网是一个利用卫星和光纤等技术手段构成的"天地合一"的网络，但由于种种原因，吉通自身的网络一直没有充分发展起来，因此从中国电信等运营商那里租用网络元素。五是，中国网通是一家由 Qwest、Level3 等"新兴电信运营商"的商业模式设计组建的年轻的电信公司，起初的设计目的是成为"运营商的运营商"（carrier's carrier），重点放在向运营商提供网络元素而不是面向最终用户的电信业务。以上电信运营分析为 2008 年以前状况，2008 年 5 月，第四次电信改革启动，中国电信收购中国联通 CDMA 网，中国联通与中国网通合并，中国卫通的基础电信业务并入中国电信，中国铁通并入中国移动。第四次电信改革主要基于 3G 的资源分配和发展，形成了中国电信、中国联通、中国移动三家资源互补式竞争的格局。

不过，由于在基础平台层次，企业提供的产品主要是骨干网络，这类产品一般投资巨大，并且会成为国家经济命脉，多由国家出资兴建，也由国家来控制，具有一定的垄断性（如中国电信、中国移动等企业），民间企业很难直接介入，因此不是本书研究的重点；而另外三种类型的企业，尤其是内容提供和增值应用一般来说是对民间资本开放的；诞生的网络企业众多，也是网络企业商业模式创新的主要领域，是本书研究的重点类型。

当然以上这两种网络企业和商业模式分类体系还只是一种粗略的分类体系。实际上，正如前面提到的建立分类体系的原则所说，一套合理、完整的网络企业商业模式分类体系还必须有不同的层次性，并可以在不同的层次下面细分。比如在内容提供类网络企业商业模式里，还可以作不同的细分，如综合门户网站模式、垂直门户网站模式、网络游戏模式等。

从上面介绍的基于互联网产业群角度对网络企业商业模式的分类研究我们可以看到，网络企业的商业模式多种多样。事实上，作为实证研究，我们不可能对每一种类型的网络企业商业模式都进行细致入微的分析，我们的研究只能结合中国网络企业的发展状况，选择最具代表性的商业模式类型进行研究。前面已经解释过本书不对基础平台层次的网络企业商业模式进行研究，因此，在第四章，本书将按照技术支撑、内容提供和增值应用分类体系，对一些有代表性的中国网络企业商业模式创新的内容与创新进行研究，其中，在技术支撑层次，主要研究 ISP 和 ASP 的商业模式创新；内容提供层次是中国网络企业商业模式创新的主要领域，根据这一实际情况和为本书论述方便，第四章将分成两节内容对其进行研究，一节是网络内容产品提供的商业模式，笔者称之为内容型商业模式，另一节则专门研究常见的各种网上服务商业模式，笔者称之为网上服务型商业模式；在增值应用层次则主要研究电子商务商业模式的内容和创新。

# 第四章
# 中国网络企业的商业模式内容与创新

　　根据前面的研究和界定，经营模式、客户定位和收入模式是商业模式的三个互相依存、互为基础的关键环节和核心内容。随着近十几年来中国网络企业如雨后春笋般地出现，也产生了各种各样纷繁复杂、不胜枚举的商业模式，要一一列举总结这些商业模式是非常困难的，有必要按照一定的分类体系对这些商业模式的内容和创新作归纳性的总结、分析和研究。本章以网络企业在这三个关键环节的发展与创新为主题，按照前面所研究的基于互联网产业群角度对网络企业的类型分类和中国网络企业商业模式的创新发展过程，并结合网络经济学的一些理论基础，简要归纳了中国网络企业的商业模式和创新，并分析这些商业模式实践得以成立的原因。

## 第一节　技术支撑层次的网络企业商业模式与创新

　　互联网的功能可以分为三个方面，一是作为通信和传媒的功能，网络可以传播和发布大量的新闻、信息，并成为人们沟通的一种重要途径和方式；二是作为交互式的娱乐平台，联网的游戏、在线的音乐和视频产品传输等都在为人们的娱乐生活提供更多的选择；三是作为商业交易的平台，笼统地可以称之为电子商务，这就是平常人们常说的互联网的未来就是三个平台，即通信平台、内容平台和交易平台①。但是，网络企业要想为客户和消费者提供这三个方面的产品和服务，或者是客户和消费者要想得到和享受这些产品和服务，都是要有前提的，首先是网络企业要能接入互联网，并要有一定网络虚拟空间和虚拟场所，其次是客户和消费者也要能接入互联网，并且要能识别和找到网络企业提供产品和服务的位置，这些都被称为互联网技术支撑层次的基础服务。如何完成和组织资源向消费者或企业客户提供互联网的各种功能，以及如何满足企业和消费者对互联网的基础服务的需求，是网络企业经营模式建立和创新的主要方向。事实上，中国网络企业的出现和商业模式中经营模式的创新也主要是在这些方面进行的。

根据《商业周刊》的统计，互联网经济中最早的一批受益者是建设网络世界的那些所谓提供互联网基础建设的公司。正如《商业周刊》中文版在分析全球信息技术 100 强企业时所说："华尔街可能会为网络世界的那些 eTrade、eToys、eBay 们的表现感到欢欣鼓舞，但是从网络中实实在在捞了一笔的都是那些挖沟铺管、满手油污的忙于新网络建设的公司们。"②

事实上，不仅全球是这样，中国也是如此，为了构建一个畅通的网络虚拟世界，诞生和成就了一大批企业，包括硬件制造商、网络运营商和基础服务商。不过，前两类企业，从产业划分的标准来看，要么并入制造业范围，要么是中国电信、中国移动这样的电信

---

① 吕本富：《网络经济的潮起潮落》，www. blogchina. com，2003 年 11 月 8 日。
② 严卫京：《美国商业周刊精粹：透视网络经济》，中国对外贸易出版社，2001。

运营商，正如前面解释过的原因，它们并不是严格意义上的网络企业，因而不是本书研究的范畴。

为了使读者更好地理解本书研究的主题，在这里仅对中国网络基础平台建设企业作些简要介绍。国内目前有五大全国性的商用互联网运营商：一是，中国电信拥有最为雄厚的电信网络基础设施，中国电信数据局负责的 Chinanet 在国内拥有最多的互联网用户，因此中国电信是最重要的网络运营商。二是，中国移动拥有全球最大的、属于第二代移动通信技术的 GSM 数字移动通信网。以此为基础正积极开发第 2.5 代移动通信技术通用无线分组系统（GPRS）和 3G（第三代）移动通信技术，2000 年 12 月中国移动在全国 16 个省（自治区、直辖市）的 25 个城市启动了 GPRS 网络一期工程，从而构筑起旗下 Cmnet 移动互联网业务赖以运营的新的网络基础。三是，中国联通也在大力建设自己的网络，包括固定网和移动网，在移动通信方面除了 GSM 网以外，码分多址网（CDMA）也是联通公司网络发展的重点，这也是联通所属 Uninet 互联网业务的网络基础。四是，吉通公司是中国最早向公众提供互联网业务的运营商之一，吉通负责运营的中国金桥网（ChinaGBN）也是国内互联网市场上的著名品牌。金桥网是一个由卫星和光纤等技术手段构成的"天地合一"的网络，但由于种种原因，吉通自身的网络一直没有充分发展起来，因此从中国电信等运营商那里租用网络元素（2001 年，经过中国电信业大改组，吉通已并入网通，不再保留吉通品牌，本书从历史的角度，仍旧按照当时的产业状况来叙述）。五是，中国网通是一家按照"新兴电信运营商"的商业模式设计组建的年轻的电信公司，起初的设计是成为"运营商的运营商"（carrier's carrier），重点放在向运营商提供网络元素而不是面向最终用户的电信业务。目前，网通在国内建设了带宽为 40G

的宽带骨干网。在此基础上，网通的互联网业务主打的是宽带互联网概念。

除了五大全国性的互联网运营商及其建立的网络基础平台之外，全国还有一些非商用性的网络，其中就包括像教育科研网（CERnet）和中科院管理的中国科技网（CSTnet）这样的大网。虽然按非商用网的性质，这些运营者不能进行企业化及市场化经营，但是这些网络拥有大量用户，并为其用户提供了网络应用的平台，接入这些网络的用户也是技术支撑层、内容提供层和增值应用层的用户。

除了上面介绍的运营商是推动中国网络建设的主流企业之外，也有一大批商业企业投身于互联网接入等技术支撑层次的基础服务，中国第一家网络企业瀛海威就是在这一领域诞生的，它最初的经营模式就是向客户提供网络接入服务。

技术支撑层次的基础服务诞生了不少网络企业的商业模式，在20世纪90年代，有些还一度成为网络经济发展的热点。因为，在互联网大发展的初期，网民最大的抱怨就是互联网速度太慢。当时有个流行的玩笑说WWW不是因特网，而是"world wide wait（全球等待）"，在网络经济时代，由于信息爆炸和注意力的短缺，网民的耐心非常差，谁怠慢了网民，谁就会失去市场，20世纪90年代后期，互联网的带宽成了阻碍网络普及推广的瓶颈，甚至直至今天，网络的速度仍旧是网民重视的重要需求之一，因此，解决网络速度瓶颈，提供互联网的基础服务和技术支撑服务成为有效的网络企业建立和商业模式创新的领域之一。本节以263等网络企业为案例，研究ISP（互联网接入服务）和ASP（网络应用服务）两类商业模式的内容，并分析这些商业模式和创新得以成立的原因。

## 一 互联网接入服务（ISP）的创新

互联网接入服务（ISP，Internet Service Provider），是指帮助用户接入互联网的一种服务，对网民来说，这是他们使用互联网的前提条件，因此，每个网络使用者都离不开 ISP，ISP 因此也成为网络企业最早的商业模式之一。

国内最早提供 ISP 接入服务的企业是 1995 年 5 月成立的北京瀛海威科技有限责任公司。公司最初的业务是代销美国 PC 机。后来张树新到美国考察时接触到互联网，回国后即着手从事互联网业务。1997 年 2 月，瀛海威全国大网开通，3 个月内在北京、上海、广州、福州、深圳、西安、沈阳、哈尔滨等 8 个城市开通。当时瀛海威的主要产品是上网卡，通过 A 类卡（提供一个月不限时使用）、B 类卡（提供一个月限 45 小时使用）等各种方式，向用户提供互联网接入服务。

但是，1997 年 6 月，邮电投资 70 个亿的 169 全国多媒体通信网启动，瀛海威受到明显的冲击。以后，随着更多各地更有电信背景或者更有实力的 ISP 公司的兴起，瀛海威逐渐沉寂，2001 年该公司宣布大转型，不再提供 ISP 服务。

在 ISP 领域一个比较有代表性的企业是 263 网络集团，该公司 1998 年进入互联网业务，是至今仍活跃在中国网络领域的一家著名网络企业，在互联网接入领域里，该公司具有电信背景，是中国最早的互联网接入服务商之一，也是中国电信以外最大的独立 ISP 服务提供商之一，占据中国 ISP 市场接近 10％的份额，其首创的主叫拨号服务，更是为其带来了极大的竞争优势。在 2006 年笔者对该公司进行调研时，263 在接入业务方面几乎包含了所有 ISP 的经营模式。

263 把 ISP 产品和服务分为个人接入和企业接入两类产品。个人接入业务是面向广大互联网个人消费用户提供互联网接入服务和在线应用服务，目前在北京、上海、广州、武汉、西安等 5 个城市向用户提供拨号接入服务，实现了跨城市上网漫游。该公司上网产品线包括 95963 主叫、96600 主叫、96231 主叫、2631 主叫以及 95963 漫游机时卡、263 上网卡、201 校园上网卡等，组成了最完善的拨号上网产品线。

其中 263 首创的主叫拨号接入服务被认为是十分成功的创新方式。1998 年 2 月 21 日，成立仅 3 个多月的 263 推出按主叫实时计费系统。之前用户上网主要采用预先购买上网卡的方式，或者要去门市签合同开户才能使用。而主叫接入即绑定用户的固定电话，用户可以很方便地输入公开的几个号码就可上网，费用在月底随电话费扣除。263 发明并推出主叫接入这种创新的服务方式，用降低资费门槛和提高易用性发动了全民上网运动，很快得到市场的认可，其他 ISP 纷纷效仿。在正式运营的第一个季度，263 就做到了盈利，并很快收回了全部投资。263 也因此被业界誉为"个人主叫之父"，拥有主叫用户超过 100 万。

在企业接入产品领域里，263 于 2000 年初建立了企业接入业务部。该部门与国际拥有最先进技术的公司密切合作，采用多种高品质接入手段服务于大企业用户，目前主要的产品有：

第一，城域网产品和服务：263 网络集团城域网（宽带接入）是在北京电信的支持下，由 263 网络集团独立运营的面向企事业单位，提供国际互联网接入、信息服务的大型城域宽带接入网。263 城域网采用世界先进技术和设备，利用现有城市光纤资源，采用千兆 IP 骨干技术，是一个覆盖城区主要高中档写字楼、饭店及高档社区的宽带接入网，其骨干吞吐能力高达 64GB，为客户提供 10M/100M 因特网接入、IP 电话、IDC、视讯会议、VPN、视屏点播、互动游戏等增值服务。263 网络集团是北京首家达到电信级运营规范，提供宽带接入服务运营的宽带城域网服务商。

城域网 MAN（Metropolitan Area Network）是适用于一个城市的信息通信基础设施，是国家信息高速公路 NNI（National Information Infrastructure）与城市广大用户之间的中间环节。建造城域网的目的是，提供通用和公共的网络构架，借以高速有效地传输数据、声音、图像和视频等信息，满足用户日新月异的互联网应用需求。

城域网一般适用于距离为 30～50km 的范围，建立在光缆通信设施或基础通信服务设施之上。对于完整的城域网建设应着重以下几个层面的建设：即"基础设施（Infrastructure）""应用系统（Application）"和"信息（Information）"。

城域网的基础设施由基于 IP 的主干网和 IP 接入网组成，提供一条覆盖整个城市范围的城市信息高速公路。企业的局域网和个人的 PC 机都能接入城域网，获得各种信息服务。城域网的应用系统由基本服务和增值服务两部分组成，这些服务如同高速公路上跑着的各种车辆，为用户运载各种信息。目前其基本服务主要为 Internet 的宽带接入，增值服务包括视频服务、VLAN、IP Phone、电子商务平台服务等。信息服务包括科技、金融、教育、财政和商业等数据库，以及环绕这些数据的各种信息系统，具体而言，就是整合 IDC 中大量不同行业背景的 ICP 信息资源，为城域网客户提供可靠、安全、高速的信息服务（见图 4-1）。

第二，专线接入产品和服务。其包括四类产品，即 DDN（Digital Data Network）专线接入、ISDN（Integrated Services Digital

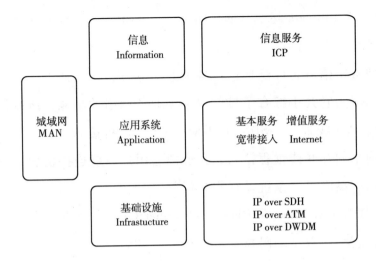

**图4-1　263城域网的整体框架**

资料来源：www. 263. net。

Network）接入、ADSL（Asymmetric Digital Subscriber Line）、特殊接入服务（根据用户的特定需要，为用户提供游戏专网、数字微波接入、卫星接入等）。

Digital Data Network 数字数据网。它是利用数字信道提供永久性连接电路，用来传输数据信号的数字传输网络。可提供速率为 N×64KBPS（N=1，2，3，…，31）和 N×2MBPS 的国际、国内高速数据专线业务。可提供的数据业务接口：V. 35、RS232、RS449、RS530、X. 21、G. 703、X. 50 等。DDN 专线接入向用户提供的是永久性的数字连接，沿途不进行复杂的软件处理，因此延时较短，避免了传统的分组网中传输协议复杂、传输时延长且不固定的缺点；DDN 专线接入采用交叉连接装置，可根据用户需要，在约定的时间内接通所需带宽的线路，信道容量的分配和接续均在计算机控制下进行，具有极大的灵活性和可靠性，使用户可以开通各种信息业务，传输任何合适的信息。

ISDN（Integrated Services Digital Network）综合业务数字网络是基于公共电话网的数字化网络，它能够利用普通的电话线双向传送高速数字信号，广泛地进行各项通信业务，包括话音、数据、图像等。因为它几乎综合了目前各单项业务网络的功能，所以被形象地称作"一线通"。ISDN 主要应用于互联网接入、话音新业务、公司网络的互联或远程接入、大型商业用户专线连接备份和流量溢出备用、桌面可视系统及视频会议等。

ADSL（Asymmetric Digital Subscriber Line），即非对称数字用户环路，它利用数字编码技术从现有铜质电话线上获取最大数据传输容量，同时又不干扰在同一条线上进行的常规话音服务。其原因是它用电话话音传输以外的频率传输数据。也就是说，用户可以在上网冲浪的同时打电话或发送传真，而这将不会影响通话质量或降低下载互联网内容的速度。

除了上述面向个人接入和企业接入的产品之外，263 围绕接入大做文章，开发出一系列基于接入的增值服务，增强了其产品的竞争力，拓宽了其产品线。如绿色上网服务，263 企业接入部为配合用户实施有效的网络资源管理，针对政府、教育机构、企事业单位推出了绿色上网服务。使用该服务，用户可以轻松实现：监控网内用户上网行为，提供详细分析报告，屏蔽 Internet 色情、暴力等不良网站，对用户访问的目标地址（URL）进行分类，根据网站类别或关键词进行过滤，提供分组管理，设定分级权限等。通过绿色上网的增值服务，用户可以更有效地管理内部网络资源，提高企业内部管理水平，改善工作环境，提高工作效率。网络安全服务，用户接入 Internet 后，网络安全成为突出问题。263 企业接入服务为配合企业网络管理，保障用户的网络安全，推出了网络安全解决方案。该方案的特点在于：实时扫描，严防病毒肆虐、多重防护措施，杜绝黑客入侵、设备即插即用，使用方便简单、支持多种平台、不占用电脑资源。企业邮局服务就是以企业自己的域名为后缀的电子邮件系统，企业的每一个员工都可以拥有一个 myname@mycompany.com 这样的 e-mail。263 的企业邮局服务可以让企业用户无须自己投入硬件设备，无须自己设置专门的技术人员维护，节约了企业在信息化方面的投入，同时企业邮局以企业用户的企业域名为后缀，可以提升企业的形象；企业也可以根据需要自主开设企业邮箱，业务联系的邮箱不会经常变动。即使发生员工离职，通过邮局的管理功能，也不会使公司业务受到影响，提升企业用户的管理能力。

263 依靠其技术优势和资源优势总能在网络接入服务方面围绕技术发展的方向和实际的市场需求不断开拓出新的产品和服务，形成了自己经营模式上的创新（见图 4-2），在收费模式上，通过主叫拨号与电信公司合作改进了以上网卡收费的传统模式，而在客户模式上，263 又专门把其客户区分为企业客户与个人客户，并分别开发了不同的产品，从而奠定了其在商业模式上的核心竞争力。根据 263 等接入型企业案例的商业模式，我们可以做一些简单总结（见表 4-1）。

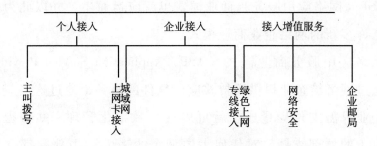

**图 4-2 263 ISP 接入经营模式示意**

资料来源：根据调研资料绘制。

**表 4 – 1　接入型网络企业商业模式**

| 接入型商业模式 | 经营模式 | 目标客户 | 收费模式 |
|---|---|---|---|
| 个人接入 | 网络接入服务 | 个人、家庭用户 | 主叫电话计费、电话卡等 |
| 企业接入 | 网络接入服务 | 企业用户 | 依据虚拟空间收费、固定月费等 |
| 接入增值服务 | 围绕接入服务提供的其他服务 | 单位用户 | 固定月费、主叫电话计费等 |

注：关于 263 的案例调研写作于早期，2010 年 9 月 8 日，这家公司在深圳证券交易所挂牌上市，股票简称二六三，股票代码 002467。随着市场环境的变化和该公司不断调整，至今该公司商业模式已经有比较大的变化，根据公开资料，该公司业务目前涵盖语音通信、语音增值和数据通信三大领域，本书所引用的 263 公司在 ISP 业务领域的商业模式创新案例和阶段，是中国 ISP 这种商业模式的发展的一个缩影和背景，生动地体现了创新和变革在互联网产业领域的重要作用，为了更准确地记录这一进程，在引用这一案例时，没有根据这家公司当前的业务变化进行大的修改和调整。

资料来源：根据调研资料整理绘制。

## 二　网络应用服务（ASP）商业模式的出现与创新

对于互联网用户，尤其是企业用户来说，要真正能够最大限度地利用好互联网，仅仅能接入互联网是不够的，为了利用信息技术增强自身竞争力，需要建设自己的企业网站，需要企业自身的互联网应用，这不仅包括那些大型企业，甚至也包括那些中小企业，因此，ASP（网络应用服务）商业模式也就应运而生，并以此为基础诞生了许多新的网络企业商业模式。

网络应用服务商业模式（ASP，Application Service Provider），就是通过网络给企业提供租赁式应用软件的服务，通过这些应用软件，企业只需支付少量成本就可以进行数字化管理，并获得 ASP 专业人士的外部支援。对任何大中型企业来说，IT 部门都是让人又爱又恨的，他们管理着庞大的主机，是公司信息管理的核心部门，但是经常出现的情况是，IT 部门平时又没有多少事情可做。

那么网络企业是否可以说服这些企业将这些工作"委托"给专业的网络应用服务商来做？于是网络"托管"服务也就出现了。对于中小企业也是如此，对于一家中小企业来说，他们可能不知道如何构建自己的网络空间，也付不起昂贵的工资聘请一位专职的 IT 经理，甚至他们也不愿花钱去购买昂贵的服务器，那么如何开展网上战略呢？于是网络"外包"服务的模式也就出现了。由于要提供这些服务的网络企业，需要有庞大的投资和一定资源、技术，通过 ASP 模式，应用服务提供商可以提供的软件及服务类型主要包括以下一些领域：域名注册、主机托管、网站设置、办公自动化、供应链、客户关系管理、制造资源计划、电子邮件、门户及商务平台类、财务软件、进销存电算化、物流软件、货运软件、CAD、PDM 网上交易系统、无线应用系统等。

事实上，在中国，最早采用 ASP 并利用这一经营模式成功的网络企业，大多还是那些提供网络接入服务的网络企业。263 就是最典型的一个案例。

263 把提供给企业用户网络应用方面的产品和服务叫做企业业务，并根据产品和服务的性质总结成基础服务、管理服务和专业应用服务，在此基础上又根据产品和服务的使用目的规划成四类应用产品线，即企业信息化、企业语音通信、数据中心和其他业务，这些服务涵盖主机托管、虚拟主机、企业邮局、网络安全、网络备份、网络加速、网站监控以及网站建设、网站集成等。

263 企业信息化类应用产品线包含四种产品，即域名注册、企业邮局、立体宽带和虚拟主机。

所谓域名，是互联网中用于解决地址对应问题的一种方法。域名的功能是映射互联网上服务器的 IP 地址，从而使人们能够与这些服务器连通。随着 Internet 的发展，域名已经成为"企业的网上商标"。就像所有企业都重视自己产品的商标一样，域名有着同样的价值。263 的域名注册服务，同其他的域名注册服务代理商一样，其实就是利用其网站的知名度获得的"注意力"，代理客户完成相关的具体工作，有点像"公司注册"代理公司。

所谓企业邮件服务，即指企业通过外包给专业邮件运营商的方式，来建立以企业自有域名为邮局后缀的电子邮件系统，这使得企业每一名员工都能获得像 myname@ mycompany.com 这样的 e-mail。由于采用外包服务，企业客户无须自己投入硬件、软件和网络设备，无须自己设置专门的技术人员来维护，节约了企业在信息化方面的大量投入。再者，邮件服务提供商具有较高的技术水平和丰富的运营经验，可以为用户提供更加稳定可靠的服务；同时由于采取规模化的运营方式，降低了单个用户的成本，服务提供商有机会以低廉的价格为用户提供邮件服务产品。263 企业邮件产品在传统的企业邮件（达成企业群体之间信息传递功能）的基础上，以"协同办公高效管理"为应用突破，融合了多项企业互联网应用功能，合理分配网络资源，保障信息交流沟通，通过科学化的统一管理，实现企业办公信息的共享和交流，促进企业内部协作，提高企业运行效率，为企业提供了易行高效的互联网整体应用解决方案。并且正如 263 市场总监毛新先生所介绍的："信息技术的发展，推动着需求的不断提高，263 企业邮件将不断加入更适合企业使用，有利于企业挖掘互联网价值的新特征与新功能。"

立体宽带服务是中国网通北京市通信公司与 263 网络集团合作，面向广大中小企业用户提供的一项基于 ADSL 和城域网宽带接入产品，整合企业互联网应用功能的新型宽带服务，又被称为"中小企业用网一站式服务产品"，它考虑到中小企业的实际应用和成本，整合了 ADSL 宽带接入、企业邮局服务、企业网站服务、网络存储服务，与网通组成合作伙伴联合提供服务。

　　263 数据中心是 263 利用自身资源和技术向企业用户提供的另一种 ASP 服务。他们把数据中心业务规划成两类产品和服务，即主机托管和增值应用。主机托管的服务内容包括，机位出租：263 使用标准机架式服务器为进行托管的客户提供标准机位出租，同时也向使用普通服务器进行托管的客户提供非标准机位出租；VIP 机房出租：VIP 机房建有独立的电子门禁系统、电源供应系统和 UPS 系统、消防设备、安全监控系统、通信系统，机房管理提供最高优先级别的网络监控和客户服务；ISP 平台出租：对于一些希望从事 ISP 业务的企业或希望拥有固定访问用户的网站，无须自己建造机房，办理租用电信链路等事宜，只要租用 263 数据港的 ISP 接入平台即可；另外263 还可以根据客户的实际需要，提供量身定制的 ASP 托管服务。

　　增值应用是 263 根据客户市场需求而开发的网络管理和专业应用产品和服务。其内容包括安全管理服务、网络流量检测服务、网络备份服务等，每一种服务类别下，又根据不同的客户规模、实际需求不同等，规划了不同规格的产品。表 4 - 2 是 263 增值应用里安全管理服务的部分产品线。

**表 4 - 2　263 数据中心安全服务产品线**

| 产品编号 | 产品名称 | 产品类属 | 产品描述 |
|---|---|---|---|
| 263MFS - NS - 204 - C | 管理 NETSCREEN - 204 网关硬件防火墙 | 安全服务 | 管理 NETSCREEN - 204 百兆高速网关硬件防火墙设备,带 VPN 模块 |
| 263MFS - NS - 204F - C | 管理 NETSCREEN - 204F 网关硬件防火墙 | 安全服务 | 管理 NETSCREEN - 204F 百兆高速网关硬件防火墙设备 |
| 263MFS - NS - 50 - C | 管理 NETSCREEN - 50 网关硬件防火墙 | 安全服务 | 管理 NETSCREEN - 50 百兆高速网关硬件防火墙设备,带 VPN 模块 |
| 263MFS - NS - 50F - C | 管理 NETSCREEN - 50F 网关硬件防火墙 | 安全服务 | 管理 NETSCREEN - 50F 百兆高速网关硬件防火墙设备 |

资料来源：263 官方网站，www. 263. net。

ASP 这种商业模式概念，在中国互联网的发展历史上，曾经在 2000 年以后一度被业界热炒，引起不少企业尤其是软件企业的跟风。但鉴于当时中国的网络基础环境以及用户的使用习惯等问题，ASP 这个概念又一度偃旗息鼓，几乎销声匿迹。ASP 市场最大的障碍在于网络的安全性和可靠性，企业将经营数据放在开放的平台上，最大的担忧就是如何保证这些数据不被其他人破坏。同时，软件授权也是一个重要的问题。随着 ASP 的普及，软件授权制度也需要改进，每个终端用户都需要一张授权证书的方式必然要改变。此外，如果某公司已经在软件、硬件和 IT 人员上投了巨资，那么让其转变到 ASP 的服务是困难的，需要很长的一段时间来扭转他们的观念。

随着中国互联网基础环境的改善，以及市场环境的变化和人们对互联网应用服务的认识更加深入，虽然在 2005 年之后，中国互联网行业很少再提 ASP 这种概念和商业模式，但与其相类似的商业模式和概念也不断出现，并且有了更进一步发展，SaaS 即是这样一种跟 ASP 相类似的软件和互联网服务模式。

SaaS 是英文 Software as a Service 的缩写，即"软件即服务"。"SaaS"的概念起源于 1999 年之前。2000 年 12 月，贝内特等人指出"SaaS 将在市场上获得接受"。"软件即服务"的常见用法和简称始于刊登在 2001 年 2 月 SIIA 的白皮书《战略背景：软件即服务》。在国外最早应用实现的是 Salesforce 公司提出的 SaaS，并将之运用于 CRM 行业。它是一种通过 Internet 提供软件的模式，厂商将应用软件统一部署在自己的服务器上，客户可以根据自己实际需求，通过互联网向厂商定购所需的应用软件服务，按定购的服务多少和时间长短向厂商支付费用，并通过互联网获得厂商提供的服务。用户不用再购买软件，而改为向提供商租用基于 Web-base 的软件，来管理企业经营活动，且无须对软件进行维护，服务提供商会全权管理和维护软件，软件厂商在向客户提供互联网应用的同时，也提供软件的离线操作和本地数据存储，让用户随时随地都可以使用其定购的软件和服务。对于许多中小企业来说，SaaS 是采用先进技术的最好途径，它消除了企业购买、构建和维护基础设施的麻烦。

在中国，八百客则于 2006 年 2 月推出了全球首个中文 SaaS 在线企业管理软件平台 800APP（CRM），随后推出了全球首个中文应用软件协同开发平台 800APP COMPOSITE，于 2008 年底再次融资成功，成为中国第一家获得海外投资的 SaaS 企业，是中国 SaaS 市场的技术领先者及最大的 SaaS 模式企业管理应用系统提供商和专业服务商。除了八百客之外，在 Saas 领域，还有一批类似服务商也比较活跃，包括 Xtools、伟库网、百会在线等。虽然这些公司都不再提 ASP 的概念，但很显然，SaaS 的基本思路跟中国互联网早期流行的 ASP 的产品服务模式和思想，有很多类似之处。

### 三　技术支撑层次商业模式成立的原因

在信息技术经济学中，有个很重要的概念，叫网络效应，这一概念的意思是连接到一个网络的价值取决于已经连接到该网络的其他人的数量[①]。经过十多年的发展，中国互联网的上网人数已经从无增加到约 5 亿人，中国已经成为世界第一网络大国，正是由于网络效应的作用，中国互联网的增长速度不是在放慢，而是在增加。事实上，使用网络现在已经成为越来越多的人基本的工作状态和环境，对传统企业来说，利用网络的优势提升其服务的水平，也已经

---

① 〔美〕Carl Shapiro, Hal Varian：《信息规则——网络经济的策略指导》，中国人民大学出版社，2000。

成为企业竞争力的重要基础方面，因此，构建一个网络世界的这种市场需求，不是在减少，而是在增长。另一方面，网络对很多人来说，还是一种"高科技"和新事物，而技术支撑层次的互联网能力，包括接入、网站设计、网站维护等多方面的工作，也需要学习大量的新概念、新知识、新技术，事实上这也是企业上网的最大障碍。因此，由相关的接入、域名注册、网站设计、托管服务等构建一个网络世界的产品和服务便产生和发展起来了，这是 ISP、ASP、SaaS 等网络企业商业模式产生和发展的根本原因。

据相关资料，在 2004 年，中国市场上有两千多家网络企业提供接入（ISP）和各种 ASP 服务，除了以上 263 案例里提到的那些产品和应用服务，ASP 的应用范围还在不断扩大，从公司软件业务到 WEB 业务、电子邮件、站点管理等，再到财务、人力资源、工资发放、ERP 应用等，都有尝试引入 ASP 的网络企业，这推动网络企业商业模式不断创新。

从经济学和管理学的角度考虑，托管、外包服务可以使人力资源达到最佳配置，由于服务的专业化，当然也可以提高效率和节省开支。这也是 263 等众多接入、数据中心供应商商业模式得以成立的根本原因。

# 第二节　内容型网络企业商业模式创新

网络内容（Internet Content）是指互联网上的信息、资讯，从事网络内容产品提供的网络企业一般被称为 ICP（Internet Content Provider，网络内容提供商）。很多人把网络内容与互联网络的关系形象地比喻成车和路，网民们上网的目的是得到各种各样的信息和应用，而不是为了上网而上网，就像修建高速公路是通行车辆一样。网民接入互联网以后，网上的内容就成了网民们最迫切的需要，于是，ICP 的商业模式也就应运而生了。从网络企业发展的实际来看，ISP 与 ICP 几乎是同时出现的，很多网络企业在提供 ISP 的同时，也提供 ICP 方面的产品与服务，前面提到的中国最早的网络企业瀛海威和 263 等 ISP 接入服务网络企业都曾经是 ICP。以前人们常把互联网在不同时期的发展热点归结为接入和内容，即所谓"接入为王"、"内容为王"说法的由来。

从内容型商业模式来看，中国网络企业最主要的网络内容型商业模式就是门户，其他还包括各种网上社区，以及近一段时期新出现的博客、微博等，在前面提到的互联网产业群的层次里，内容型商业模式属于内容提供层次。

## 一　门户

"门户"是互联网兴起以后流行起来的一个词，其现在的含义虽然是特指某类提供网络内容的网站或者网络企业，但是其本身并没有深刻的含义。门户是一个从英文翻译过来的词，其对应的英文词是"Portal"，即大门、门户的意思。门户用来描述网络内容提供者，原来的意思就是指它们带领网民进入互联网的大门。门户网站类网络企业中是网民们接触最多、应用最多的网络企业，中国最著名的网络企业新浪、搜狐、网易等都属于门户类型，被称为中国互联网的三大综合门户网站。

作为网络门户的网络企业和网站，为了帮助网民更好地应用互联网，一般都具备一些互联网最基本的功能，包括信息检索（搜索引擎）、信息交流（聊天室和各种网络论坛）、信息传递（电子邮件等）。随着门户网站企业的出现和迅速发展，门户网站的概念也在深化发展，形成综合门户、垂直门户、专业信息检索门户以及重点服务和关注一个地区内容咨询和网络服务的地方门户等。

实际上，随着互联网的发展，"门户"这一说法的内涵，跟开创这一网络服务模式的 Yahoo!（雅虎）所说的门户概念已经大不相同。大多数网民面对茫茫网海无从下手的时候，正是 Yahoo! 这种以提供搜索服务为主的网站扮演了引网民"入门"的角色，成为网民进入互联网的"门户"。而中国以新浪、搜狐等为代表的所谓"门户"的概念，将提供新闻服务作为门户网站的主业乃至核心竞争力，其实是不同于最初 Yahoo! 所谓的门户概念的。从这一历史背景来看，无论是搜索还是新闻，都只是门户发展的一个阶段，门户可以从搜索服务演进到新闻服务，未必就不能从新闻服务演进到别的什么服务。随着网络媒体的发展，原先的门户不一定再将搜索作为主业（例如 Yahoo! 和搜狐），而提供搜索引擎服务的又不一定非门户不可（例如百度和 Google）；今人可以这样看过去，后人未必就不能如此看今日。这里对"门户"这种网络企业商业模式的介绍，即是因循业界通俗的说法和分类，并没有一个严格的定义。

综合门户、垂直门户是一个大致相对应的概念，在网络企业发展的初期，并没有明确的划分。大致说来，综合门户是指提供各种领域信息内容和网络应用的网站，如新浪、搜狐等网站上发布的信息既包括社会类新闻，也包括体育、科技、文化、教育、娱乐等方方面面的信息内容，综合门户的特色在于信息的广泛性。垂直门户是为某个行业或者专业经济部门销售商品和提供信息内容的网站，如天极 ChinaByte 是中国最大的 IT 门户网站，主要向网民提供 IT 行业的新闻、技术、应用等信息内容服务，所以它们曾经使用的口号是"一切 IT 尽在天极 ChinaByte"。专业信息检索门户主要是指专门提供信息检索工具的网络企业，由于其搜索引擎服务会吸引大量的使用者，这类企业也经常会利用这些"注意力"资源提供给网民内容，因而也带有"门户"的性质。对这类企业提供的产品和服务本书列入后面的网络服务类别进行研究。

　　新浪网被认为是中国最有代表性的综合门户网站之一。如今，在中国很多网民的生活里，很难想象没有新浪网是什么样子，在某种程度上，一早到办公室看新浪网页上的新闻，已经成了很多人的习惯，而更多的人则是把新浪新闻设成了首页，一接入互联网，出现在电脑屏幕上的就是新浪网新闻首页。新浪网是全球影响最大的中文网站之一。

　　新浪网的前身是一个网络论坛：四通利方体育沙龙，1998年底，四通利方与北美华人网站公司华渊资讯网合并，成立了新浪网，1999年4月12日，新浪网全新改版，实现了中国大陆、中国台湾、北美的全面整合，成为第一个真正意义上的跨国网络公司。1999年11月8日，新浪网宣布完成6000万美元融资。2000年4月13日，新浪网宣布首次公开发行股票，第一个真正来自中国大陆的网络企业登上纳斯达克股市。经过5年左右的时间，新浪网拥有多家地区性网站，形成了四大业务主线，即提供网络媒体及娱乐服务的新浪网（SINA.com）、提供无线增值服务的新浪无线（SINA Mobile）、提供用户付费在线增值服务的新浪热线（SINA Online），以及向企业和政府用户提供增值服务的新浪企业服务（SINA.net），提供包括门户网站、收费邮箱、无线增值、电信增值、虚拟ISP、搜索引擎、分类信息、在线游戏、网络教学、电子商务和电子政务解决方案等在内的一系列产品和服务，作为综合性的门户网站企业，为了盈利，其经营模式已经覆盖了网络的几乎所有的领域，充分体现了门户网站综合、海量等特点。但是，新浪网在经营模式上的创新，最值得称道的仍旧是其安身立命的网络新闻产品。"在中国，要想在网络新闻上争第一，必须先超越新浪"，这是圈内人经常说的一句话，不少专家认为新浪网已经成了中国"互联网媒体规则的制定者"。无论新浪的员工还是其他同行都承认，现在的新浪网全球副总裁陈彤是新浪新闻优势的最重要的缔造者之一，新浪最初成立新闻中心的时候，整个新闻中心只有他一个人。

总结新浪新闻成功的特点，陈彤认为首要的网络新闻也是新闻，"新闻的第一要义是要平实冷静客观"，新浪在"北京第一起性骚扰官司"、"赵薇军旗事件"等事件上都表现得很冷静，做新闻时要注意理性和严密，要有证据，不是说瞎话，不是单纯的狂热。需要的是持续不断地下苦工夫，不能有任何的投机和浮躁心理，不能先入为主。这一点其实跟传统媒体的新闻本质是没有区别的，这也是互联网经常被人们称为"第四媒体"的根本原因。在中国，大部分的网站都没有采访权，只有转载，拷贝，新浪也不例外，陈彤认为新浪新闻的第二个成功的关键点就是充分利用了网络的速度优势和容量优势。陈彤说："网络新闻是'快鱼吃慢鱼'。"新浪是最早实行新闻24小时滚动播出的网站，尽管网络新闻目前存在着两种理念，一种是冷新闻，一种是热新闻。但他始终认为，对于新闻，没有任何是通过网站炒起来的，读者通过网络需要了解的是最快速的信息。最重要的是对突发事件的反应能力，抢到"第一落点"。2003年2月1日农历大年初一，10:10，美国哥伦比亚号航天飞机与地面失去联络的消息，陈彤将几位编辑紧急调回办公室，经过紧张处理，10:19第一篇快讯被刊登到新浪网站上；一两分钟后，新浪向手机短信新闻订户发出了第一条信息，这也是国人最早收到的关于航天飞机失事的消息。在网络新闻的海量方面，新浪更是做到了极致，目前，新浪网与将近一千家传统媒体合作，对它们的新闻进行转载和编辑，充分利用网络无限的容量空间，每天发布数千条各类新闻资讯，这是传统媒体难以做到的。

正是新闻成功的基础，新浪网不断地推出新的内容服务，越来越向综合内容型发展，目前，新浪网除了新闻之外，提供的主要内容资讯有：竞技风暴，是全球最大的中文体育资讯频道，全面报道国内外体坛盛事；影音娱乐，报道娱乐圈的重大新闻事件以及国内外明星的动态；科技频道，以丰富的合作媒体资源及厚重的新闻信息库，满足网友对信息产业和科技产品讯息应用需求；财经频道，提供即时有效综合财经资讯；汽车频道，发布最新汽车新闻信息为受众提供及时、全面的汽车资讯；新浪游戏，作为中文最大游戏资讯网站，为全国乃至世界的玩家网友提供最新、最详尽的游戏资讯；酒店预订，在 2003 年 12 月，新浪宣布收购上海财富之旅酒店预订网，向网民提供网上预订酒店以及安排旅程的服务；无线门户，和全球著名的移动电话制造商摩托罗拉公司合作推出的无线频道，增值服务包括约会、手机铃声及图片下载、无线游戏等。当然有些内容产品已经超出了门户的概念，这也说明"门户"的经营模式也是在不断创新发展的。

纵观新浪的发展，不得不提的是 2009 年 8 月，新浪推出新浪微博（测试版）服务，成为中国门户网站中第一个提供微博服务的互联网公司。到 2011 年，新浪微博用户数超过 1 亿，也推动微博服务正式进入中国上网主流人群视野，在中国开启了微博时代。这一产品和服务创新，也使得新浪网再度走在了中国互联网浪潮的前列，这也体现了创新对于互联网公司的巨大价值。有业界评论认为，仅仅用两年时间，新浪微博就为新浪下了一个价值几十亿美元的"金蛋"。

ChinaByte（2006 年该网站命名为比特网）被认为是中国最早的门户网站之一，中国第一个网络广告就是 1997 年出现在 ChinaByte 网站上。在 20 世纪 90 年代末，由于当时在网络界存在综合门户和垂直门户两种 ICP 发展道路，ChinaByte 最终走向了 IT 行业垂直门户的道路。2001 年，另一个跟 ChinaByte 类似并是直接竞争对手的网络企业天极网与 ChinaByte 合并，成为现在的天极 ChinaByte，也就演变成现在中国最大的 IT 垂直门户网站。

ChinaByte 和无极合并以后，以往在 IT 领域最重要的两个竞争对手忽然变成了兄弟，合并以来，天极公司是如何进行内容整合的？这其实是不少业内人士一直讨论和猜测的一个话题。对此天极公司领导人又是如何思考和认识的？

天极一位高层管理人员向笔者透露："确实，在 ChinaByte 和 Yesky 两个公司合并的时候，两个网站在内容上有一定的重复，天极公司高层也曾经在两个网站是否彻底合并的问题上有过激烈的讨论。"但经过 2002 年初的认真调查、论证和讨论，天极公司决定两个网站媒体品牌还是永久保留，而在内容上则根据两个网站各自的读者群和品牌特色重新进行整合。

"根据我们大量的调查和研究，ChinaByte 的传统特色是在她的 IT 产业新闻报道和 IT 产业评论，她的读者大多是企业人士和产业人士，这就是大家常说的高端人群；而无极的传统强项是产品和技术应用，她的读者则主要以电脑发烧友、学生等消费人群为主，两个网站的读者和内容方向还是有很大的不同，是互相补充而不是重复"，于是，在经过充分的调查和论证之后，两个网站内容的重新整合就势在必行了。

天极公司介绍，2002 年初，ChinaByte 根据自己的传统强项和读者人群进行了大刀阔斧的调整。首先，保留并发展了自己的传统强项内容即新闻和评论，这是 ChinaByte 作为媒体的影响力所在，其他跟 ChinaByte 的这个传统定位关系不大的频道，如果跟无极网站定位相符则并入无极相关频道，如 ChinaByte 游戏天堂并入无极的游戏频道；而跟整个天极公司的 IT 专业网站定位关系不大且思路不明的频道则取消，如取消了财富频道；最后根据 ChinaByte 的读者群和高端定位，ChinaByte 新建了专注企业信息化的"E 企业频道"和专注通信、电子政务等领域的"网络与通信"频道，以及专注企业 IT 消费的"商务应用"频道。而无极也全新整合了其原有频道，以硬件、数码、软件、商情、游戏、下载等频道为主要关注方向，更加专注于"IT 产品与技术"的定位。

这样，天极公司旗下两大网络媒体的内容定位互相补充，得以覆盖整个 IT 产业，网站上互相导航，使天极公司真正成为国内唯一一家覆盖企业 IT 和消费 IT 的信息内容网络提供商。[①] 事实上，天极 ChinaByte 这样的垂直门户网站跟新浪这样的综合门户网站一样，除了内容之外，也有其他多方面的产品和业务，如短信服务、商情，以及网络培训等，但是，正如天极 ChinaByte 的 CEO 李志高所说："内容是天极的根本产品和服务。"正是因为内容的优势，才能吸引到更多的网民访问网站，从而为其他经营模式提供客户、品牌等多方面的资源。

新浪网新闻产品和天极 ChinaByte 的案例说明，由于互联网在传播信息的速度、广度和互动性方面有着传统媒体无可比拟的优势，互联网的出现极大地改变了人们传播信息和获取信息的方式，对传统媒体形成了巨大的挑战，而利用互联网的这些优势进行商业应用

---

① 叶达：《范锋：网络媒体突显整合力量》，http://tech.sina.com.cn/it/m/ 2003-01-23/1051162792.shtml。

自然也是顺理成章的事情。跟传统媒体不同，ICP 们关心的是网页访问量和点击率，每日的网页访问量成为衡量网站价值的晴雨表，这一切都可用"注意力经济"的概念来概括。1997 年，Michael Goldhaber 在发表的 *Attention Shoppers* 一文中提出了这样一个概念，他认为在以网络为基础的现代信息社会中，稀缺的并不是信息，而是人们的注意力。实际上，传统媒体已经表现出了争夺注意力的苗头，而由于互联网自身的优势和特性，相比呈现爆炸状出现的各类信息，人们的注意力显得比过去任何时候都稀缺，对人们注意力的争夺就更加激烈，因此网络内容型服务经营模式的本质其实是注意力经济。正如 Intel 前董事长 Grove 所说："未来的互联网是一场争夺眼球的战略。"

除了以上通俗的综合门户、垂直门户的说法之外，在中国互联网还没有普及宽带的时期（约 2004 年前后），还一度有"宽带门户"的提法。所谓的宽带门户，是基于宽带接入技术特点提供内容型网络企业的商业模式，之所以有这种宽带门户的说法，是因为当时中国网民上网的环境普遍是拨号上网的"窄带"环境，网速慢、上网费用贵，视频等多媒体内容在网络上还比较少，但是鉴于当时中国通信网络环境的快速发展，宽带即将进入爆发增长期，于是有的企业开始探索针对宽带上网用户提供不同于窄带上网环境下的门户服务模式。CNNIC 2004 年的数据显示，截至 2003 年底，我国网民数达到了 7950 万，居世界第二位。其中宽带用户达到了 1740 万，占到了网民总数的两成以上，而半年前这一数字仅为 980 万，它显示出我国宽带用户人数呈现快速的增长态势，预计到 2008 年，这个数字将会达到近 4000 万户。① 显而易见，宽带逐渐

---

① 佚名：《宽带门户：网站下一个决胜制高点》，新华网，http：//news.xinhuanet.com/it/2004 - 02/18/content_ 1320360.htm。

成为网民上网的首要选择［对于"宽带"本书在前面的章节中已做过简要介绍，英文是 Broad Band，港台地区普遍使用"宽频"，是相对"窄带"（Narrow Band）而言的。技术实现方式有非对称数字用户线（xDSL）、光纤以太网（LAN）、有线电视传输网（HFC，Cable Modem）、地面无线（LMDS）、通信卫星（LEO）等多种，各有长处和短处］。

宽带给内容产品带来的最大影响是"内容的影像化"。[①] 从本质上说，宽带门户与前面所说的门户网站的经营模式并无本质区别，在窄带环境下，大部分用户上网主要浏览新闻、收发邮件、下载资料、交友聊天等，满足最基本的网络需求，一些窄带门户上网还尝试推出了音频和视频等服务，这已经是基本的"内容影像化"。不过宽带高速度，使得只能在窄带环境下扮演次要角色的视频影像成为主角，宽带内容提供的速度、及时性、灵活性势必将使门户发生"由量变到质变"的飞跃，而形成宽带的经营模式。

互联网传播具有"内在的自由性"，故内容必然展现多元化的一面，网上视频内容不可能仅是国内电视台播出的节目、电影院公映的影片。今天，凡数字化的影像均可上网，来源可以是 DVD 光盘、DV 拍摄、摄像头拍摄、截取电视信号制作，甚至可以利用视频编辑软件对影视作品进行再创作等。对网站来说，进行网上视频直播都已经是最常见的形态。即使是点播，网站也能从合作伙伴手中获得多元化的内容，如不少媒体看中新浪网在互联网上的影响力，与之签约提供内容。《目击者》是上海电视台新闻综合频道、嘉实盛业影视制作有限公司联合制作的一档新闻深度报道电视节目，2003 年 9 月 29 日，新浪网推出《目击者》网络版第一期。当

---

① 闵大洪：《视频内容——宽带网络中的主角》，《电视研究》2004 年第 1 期。

媒体对冯小刚执导的新片《手机》的即将推出进行报道时，11月14日，近2分钟的精彩片花（独家视频）已在新浪网上可见。2003年11月10日，清华大学AIDS与SARS国际研讨会开幕，时任美国总统克林顿前往演讲，电视台不可能直播，事后也不可能全程报道，但新浪网独家制作了克林顿演讲、回答问题、会见艾滋病感染者三段视频，总长74分钟。门户网站、新闻网站通常都设有访谈栏目，会邀请各界名人前往与网友互动交流，这类栏目的出现催生了网络主持人的诞生和网络视频内容的扩展。

视频内容的不断增加，甚至带来向更深刻方向发展的契机。如TOM于2003年11月3日推出了一个全新的视频新闻述评节目《大话新闻》，每周一至周五下午2点至2点半在网上直播，随后驻留在网上可供用户随时点播。我们可以看到，就形态而言，如今网络新闻主持人与电视新闻主持人已没有什么两样。这种形态不能说在窄带时代没有，例如广州日报大洋网很早就有视频播报新闻，但进入宽带时代，应该说以《大话新闻》为标志，网络新闻（视频）主持人的形态真正出现了。主持人林白原是中央人民广播电台的一名谈话节目主持人，因对互联网上的互动节目有浓厚的兴趣，2002年9月到搜狐开办了一个网络访谈栏目，2003年上半年又转到TOM网站，如今已是有相当知名度的网络访谈节目和网络新闻主持人。显然，网络媒体在宽带时代可以实现窄带时代无法实现的很多东西。

与互联网发展伊始时窄带网站如雨后春笋般涌现所不同的是，宽带门户网站的建设不仅靠雄厚的资金和资源，还需要跨越更高的"门槛"。

首先，在硬件保障方面。随着用户的增加和内容的丰富，宽带门户网站对网络流量的要求会越高。它要求运营商不断改造现有网络，疏通网络平台，通过采用更先进、更高效的网络技术，改变原有的网络结构，将网络结构向多层次、多方位的方向发展，如此才能在用户剧增、网络负荷加大的情况下，依然保证高速畅通的网络环境。

其次，宽带门户网站的最大卖点就是内容建设。大量的动画、音乐及视频的运用和网上的在线游戏及互动项目是宽带网站制胜的法宝；在内容上另辟蹊径、不拘一格，也是宽带网站建设的必要因素。以中国网通的"天天在线"为例，除了精心打造传统频道外，还专门开设有"老年"和"儿童"频道，拓宽了用户范围，使用户的宽带生活更趋向家庭化。

第三，宽带门户网站与电信、商务、服务、教育等综合性行业之间的合作更加多元化。与窄带时代单纯的信息提供与共享相比，宽带门户网站要把内容应用摆到台面上来，与SP的健康合作显得尤为重要。网通集团的"天天在线"，吸纳了众多优秀SP的加盟，为宽带用户提供了影视、音乐、网络游戏、远程教育、网上证券等全方位的应用服务。如何创造稳定灵活的合作模式，使合作渠道更为顺畅，最终实现共赢，同样是宽带网站运营商面临的挑战。

宽带门户网站的发展要建立一个基于宽带的商业发展模式，如果和窄带的差异只停留在速度上，宽带创造的价值将大打折扣。因此，电信运营商与内容提供商越走越近，它们的利益已经被紧紧地捆绑在一起，众多的内容提供商也会走出困境，步入正常发展的轨道。中国网通发布的"天天在线"宽带门户网站，就是运用了这样的商业模式，并依托于强大的技术实力及资源优势，在为宽带用户提供服务的同时，也帮助内容提供商运用最优化的模式获得良好的利润回报，从而真正实现互联网生态环境的良性发展。

实际上，从中国互联网后期发展的情况来看，随着宽带的普及，主流网站都及时根据新的网络环境，不断地更新、改善各自的服务，自然过渡到了宽带时代，"宽带门户"的概念，成了一个昙花一现的"伪命题"。不过，个别只有在宽带环境下才能发展规模用户的商业模式，如视频网站，在这一阶段却大量出现并快速成长起来，如优酷网、酷6网、土豆网等都大致在中国宽带上网逐渐普及的2006年前后创办上线。这些视频网站，在业界并没有被称为"宽带门户"，至多有的企业自称为"视频门户"，这也许是当时业界讨论和探索颇多的"宽带门户"在后期的发展吧。

　　在中国除了上面提到的新浪、天极以及天天在线等这样的各种各样的门户网站以外，还有一类重要的网站内容提供者具有门户网站的某些性质，即传统媒体转型过来的新闻网站，如人民网（《人民日报》电子版发展而来）、新华网（新华社主办）、南方网（南方日报社主办）、央视国际等，这些网站具有很好的资源，包括内容资源、政策资源甚至国家投入等，具有很大的影响力，在产品和服务业态上也有不少创新之处，但是，由于官办的背景，这类网站或者网络企业并没有真正的商业化，直到2011年，在国家政策的扶持和推动下，开始准备在国内上市融资并进行商业化运营的探索和尝试。比如，2012年1月，《人民日报》宣布将让旗下人民网在上海证交所首次公开募股。据提交给中国证券监督管理委员会的申报材料，它希望最多融资5.27亿元（约合8340万美元），相当于总股本数量的25%。这家新闻网站由《人民日报》控股，小股东包括中国三大电信公司，分别是中国移动、中国联通和中国电信。消息称，受国家政策扶持将推动上市的这批新闻网站除人民网之外，还包括新华网、东方网、千龙网、北方网等约10家中央和地方新闻门户网站。由于更多的官方背景和体制原因，这类网站虽然也可以属于门户网站的类型之一，但由于承担的使命和运营的体制不同，在商业运作上也处于探索阶段，本书不再深入分析。

## 二　网络社区和社会化媒体

虽然网络是一个虚拟世界，但现实世界中的一些社会现象在网络经营方式上也有反映。现实世界中物以类聚、人以群分，网络上也有提供各种各样的网络内容的网站，形成各类的社区服务方式。这种社区可以建立在特殊的兴趣点上（比如汽车、文学、健康等）、特殊的人群上（比如记者、医生、企业家等）。社区是网络上提供内容和信息的一种重要方式，虽然并不是所有网络社区都是经营性和商业化的，但是由于社区会吸引大量的人群注意力，社区拥有者可以进行商务和经营，因而具有很大的商业价值。事实上，很多网络企业都是由社区发展而来，比如新浪就是由四通利方的体育沙龙发展而来，而网易早期更像是网络发烧者交流技术的一个社区。另外，社区作为一种内容提供的方式，经常也是门户网站的重要补充，几乎所有的 ICP 都有社区这种模式。

建立一个社区相对比较简单：在网上虚拟空间里，建一个链接表，列出所有这个领域有价值的网络站点；开放一个讨论组，吸引感兴趣的人参加交流和讨论；搜集尽量多的文字、音像资料、软件等，将之放在站点中，然后加入访问者感兴趣的产品、服务或者合作计划，这样，一个社区就算建成了，接下来就要准备随着访问量的增加，维护这个社区的正常运行了。

网络上社区极多且形形色色，健康、军事、体育、文学、管理等，几乎囊括了社会生活的方方面面。在 IT 和互联网行业，就先后有很多网上社区，而且，随着互联网的发展，它们不断地创新和发展。IT 写作社区 Donews 和中国互联网行业社交媒体速途网就是在 IT 和互联网领域比较有特色的网络社区媒体。

Donews 创立于 2000 年 4 月，只用了半年时间就成为中国最大的 IT 写作社区。Donews 早期这样介绍自己的产品和定位：

　　每一个进入 Donews 的访问者都可以看到大家在这个社区上的发言和上传的文章等，每一个注册会员都可以在上面自由发言和上传文章，由于这个社区的会员多是媒体的记者和编辑，他们上传的文章也多是自己的作品，发言也多是对一些热点事件的讨论，许多观点很有价值。

　　早期 Donews 是工作平台。记者可以在这里找到新闻线索，撰稿人可以借此将自己的作品传得更远，编辑可以在这里找寻适合自己版面的稿件，CEO 可以在这里宣讲他们的理念，评论者可以指点江山，市场人员可以推广他们的产品，不同意见者可以在这里争论。不同的角色有着不同的需求，不同的需求只有等到其他需求也被满足的时候，自身才能真正被满足，这就是互动的规则，这就是互动的力量，这就是 Donews 存在的价值。Donews 是业界。以往的业界在纸媒体上，产业链中各种角色一周互动一次，Donews 不但可以使互动变成即时，而且，使更多的角色加入互动，这里呈现的业界更为真实。

　　Donews 是社区，不是 BBS。BBS 是将自己隐藏起来，相互拍"板砖"，Donews 坚持实名制，坚持每个人为自己的发言负责；BBS 诉诸情感的宣泄，很热闹，Donews 是朋友的家园，很宽松；BBS 无为而治，Donews 有几十人在进行编辑和技术的维护；BBS 无主题变奏，Donews 有自己清晰的定位与目标。

　　Donews 是社交圈子。它相信人不可能遗世独立，相信每个人都很脆弱，相信人与人之间需要交流，相信有能力的人需要和有能力的人聚在一起，相信帮助别人最终就是在帮助自己，相信创造价值一定有收获，相信每一份成功都需要喝彩，相信每一次失败都需要告慰。Donews 的圈子让它的会员在熟悉中找到依托和依靠。

Donews 是写作的必需。写作中的作者不可能不被观点和立场侵入，一个有良知的作者在确立自己立场的时候迫切需要知道更多人的立场，通过网络社区，他可以更快捷地知道更多的观点。"世界是我的假设"，对于一个有良知的作者而言，他不仅要在作品中提供证明自己假设的实事，他也应该同时提供证明更多人假设的实事。这是他的责任和操守。社区网络不但可以在事先提供更多的假设观点，还可以在事后对作品作出修正。写作社区让写作更接近更多人的实事，也使个人写作变成社会写作。

Donews 是新人出发的地方。现实生活中的权威、荣耀、等级，在 Internet 上被平等成一样的 ID。当一个人觉得自己业已成名，不愿意再混同于一般网友，混同于一样的 ID，此时他会选择离开，但 Donews 不会寂寞，会有更多的新人填充他的位置，如此往复。滚滚长江东逝水，浪花淘尽英雄，Donews 能够帮助新人成长，却无法避免英雄迟暮。

Donews 是舆论中心。Donews 的力量在于二次传播。它以它的自由、公允、平衡、宽容、独立、参与逼近真实，所以，它比新闻更可信，所以，它能影响新闻。

Donews 是每个人的 Donews。它可以是你的个人主页、网络硬盘、留言板、个人相册或者 Bookmark 等，Donews 会尽一切可能为它的会员提供更多的网络服务。入，你可以经营你自己的小天地；出，你可以拥有固定的访问量。不亦乐乎。

Donews 作为很有创新性的 IT 写作社区，早期在 IT 和互联网领域拥有很高的知名度和影响力，2005 年底，Donews 被千橡集团收购，千橡集团拥有猫扑、人人网、糯米等多家网站，Donews 在并入千橡集团之后，影响力和商业化之前的人气逐渐地下降。

2009 年 4 月，定位于"中国互联网行业社交媒体"的速途网（www. sootoo. com）上线。速途网专注于互联网领域，利用自己开发的 Sonet 平台，为用户提供发布、内容筛选、评价（投票）以及社交（SNS）等方面的服务，并积极尝试利用搜索引擎、微博等新兴媒体推广，迅速提升了知名度和影响力，成为中国互联网行业的一个整合内容和产品主流新型互联网社区。业界分析，速途网能在众多的同类网站中脱颖而出，跟社会化媒体，尤其是 SNS、微博等的发展环境密切相关。

社会化媒体，是近年来对包括网上社区、博客、SNS、微博等多种所谓 Web2.0 网络媒体概念的一种统称。新浪、天极等门户型网站，作为中国第一代内容型网站媒体，其运作的典型模式是转载传统媒体资讯内容，由编辑负责更新和筛选，并提供给用户在线阅读，这种网络媒体的模式经常被称为 Web1.0；Web2.0 是相对 Web1.0 的新一类的互联网内容和应用的统称，相比 Web1.0，Web2.0 更注重用户的交互作用，用户既是网站内容的浏览者，也是网站内容的制造者。所谓网站内容的制造者，是说互联网上的每一个用户不再仅仅是互联网的读者，同时也成为互联网的作者；不再仅仅是在互联网上冲浪，同时也成为波浪制造者；在模式上由单纯的"读"向"写"以及"共同建设"发展；由被动地接收互联网信息向主动创造互联网信息发展，从而更加人性化。从本质上来说，作者总结 Web2.0 的根本特征是用户产生内容、用户组织内容以及信息找人，正是这种特点，使得普通用户对一个网站的内容建设和发展非常关键，这也极大调动了用户参与互动的热情，从而能够利用社会化力量促进一个网站的发展。实际上，Web2.0只是一种网络应用的发展趋势和思想，并不是对一个网站进行区分的严格分界标准，很多Web1.0的网站，也不断地引进Web2.0的产品和应用，逐步向Web2.0转型，比如新浪网作为一个曾经是Web1.0综合性门户网站的代表，在近年来，曾先后大力建设博客、微博这种很典型的Web2.0应用服务，不断推动着中国互联网内容型网站的发展和创新。

## 三　博客（Blog）和微博

网络出版（Web Publishing）、发表和张贴（Post——这个字当名词用时就是指张贴的文章）文章是个急速成长的网络活动，也是网络上新出现的一种内容提供方式，现在甚至出现了一个用来指称这种网络出版和发表文章的专有名词——Weblog，或Blog，中文被翻译成博客。一个Blog就是一个网页，它通常是由简短且经常更新的Post所构成；这些张贴的文章都按照年份和日期排列。Blog的内容和目的有很大的特点，从对其他网站的超级链接和评论，有关公司、个人、构想的新闻到日记、照片、诗歌、散文，甚至科幻小说的发表或张贴都有。许多Blog是个人心中所想之事情的发表，其他Blog则是一群人基于某个特定主题或共同利益领域的集体创作。Blog好像是对网络传达的实时讯息。撰写这些Weblog或Blog的人就叫做Blogger或Blog Writer。在网络上发表Blog的构想始于1998年，但到了2000年才真正开始流行。起初，Blogger将其每天浏览网站的心得和意见记录下来，并予以公开，来给其他人参考和遵循。但随着Blogging快速扩张，它的目的与最初已相去甚远。目前网络上数以千计的Blogger发表和张贴Blog的目的有很大的差异。不过，由于沟通方式比电子邮件、讨论群组更简单和容易，Blog已成为家庭、公司、部门和团队之间越来越盛行的沟通工具和交流信息的形式。

中国互联网引入博客这个概念的时期大概在 2002 年前后，在 2005 年前后，由于新浪网等推出"名人博客"，带动了普通用户的"博客"热情，一度成为非常流行和时尚的网络热点应用之一。早期，中国最著名的博客网站"博客中国"（www. blogchina. com）是专栏作家方兴东和他领导的商业机构"互联网实验室"、"博客中国"（blogchina. com）代表互联网最新发展的"博客（BLOG）"模式，是一个中立、开放和人性化的精选信息资源平台，面向每一位工作繁忙，却需要持续补给知识的人士：企业管理人员、经理人、媒体编辑记者、市场研究人员、产业分析师、证券分析师、风险投资家、投资银行、技术专家、创业者、企业家、科学家、咨询顾问、律师、高等院校师生……

方兴东介绍，博客的繁荣，标志着以"信息共享"为特征的第一代门户，开始正式过渡到以"思想共享"为特征的第二代门户，开始真正凸现网络的知识价值，标志着互联网发展开始步入更高的阶段。在新浪推出名人博客并大力发展博客之后，方兴东和他的博客中国网站由于运营问题，逐渐沉寂，博客这种互联网应用，也逐渐成为综合性门户网站的标准配置之一。

微博客是继博客之后又一种新型的内容型网络应用形式，也是一个基于用户关系的信息分享、传播以及获取平台，用户可以通过 WEB、WAP 以及各种客户端组建个人社区，以 140 字左右的文字更新信息，并实现即时分享。微博服务一方面是用户基于关系的信息分享、传播平台，拥有比较高的用户黏性；另一方面，由于比较简短，适合手机上网用户使用，迎合了移动互联网的发展趋势，因此获得了爆炸性的发展。最早也是最著名的微博服务是美国的 Twitter，2007 年，中国出现了带有微博色彩的网站饭否网，不过不

久即关闭；同在博客这种应用的发展类似，2009 年，新浪网推出
新浪微博测试版，并获得迅速的发展，之后不久，腾讯、搜狐等主
流网站也跟进推出微博服务，根据新浪公布的财报数据，截止到
2011 年底，新浪微博的注册用户已经突破 2.5 亿。微博正迅速成
为中国互联网的主流应用和入口之一。

## 四　内容型商业模式及其创新成立的原因

门户、网络社区、博客、微博等是中国内容型网络企业商业模
式的几种常见的应用服务类型。由于这类网络企业商业模式中主要
的产品和服务都是各种信息资讯，因此，又可以统称为信息中介模
式。其经营模式是向客户提供各种形式的内容服务来增加价值，其
顾客可以是普通消费者，也可以是特定的企业用户或特定行业领域
的用户，其主要收入来源是广告收入、租金、定制内容服务，以及
其他收入（见表 4 - 3）。

表 4 - 3　内容型商业模式

| 内容型商业模式 | 经营模式 | 客户模式 | 收费模式 |
| --- | --- | --- | --- |
| 门　户 | 综合门户 | 所有网民 | 网络广告、信息定制及其他 |
| | 垂直门户 | 特定行业、领域网民 | 行业网络广告、信息定制及其他 |
| | 宽带门户 | 所有网民（尤其是宽带用户） | 内容订阅费用、网络广告及其他 |
| 网络社区 | 特定话题、特定行业的虚拟交流空间 | 特定兴趣、特定领域网民 | 网络广告、会员费等 |
| 博　客 | 网络实时信息传达空间 | BLOGGER | 无统一商业收费模式 |
| 微　博 | 基于关系的信息分享、传播、获取平台 | 所有网民 | 暂无清晰统一的商业收费模式，或作为互联网入口，以开放平台的模式和第三方分成、做广告等 |

资料来源：笔者整理绘制。

对于这些类型的商业模式来说，通过建立各种伙伴关系，广泛收集各种内容以及向用户宣传其站点，是其发展的关键，因为，从产品上来看，这些网络企业是没有力量自己创造内容产品的，它们所做的工作就是通过编辑、整合其他各方面的内容和信息，利用互联网的特性，进行传播。新浪网每天都会发布大量的新闻信息，这些新闻信息都是来自其各种合作媒体，新浪在全球范围内就有上千家合作媒体。

门户、网络社区和博客等都是中国网络企业在网络信息资讯提供方面产生的各种各样的创新方式，而这些商业模式之所以能够生存并得以不断创新，其根本原因还在于互联网所具有的技术、功能和特性。互联网兼备大众传媒和个人通信媒介的优势，在信息容量方面，互联网跟报纸杂志等媒体的版面有限性限制以及电视、广播等媒体的时间有限性限制不同，网络站点可以说具有无限的容量；并且互联网的交互性为顾客和供应者的配对提供了令人兴奋的潜力，网络服务商可以观察顾客的行为，并立即制作定制的内容，这也是传统媒介供应商所难以做到的。正是网络企业充分利用了互联网的这些优势，才使得内容型网络企业商业模式，在报纸、电视、广播等已经十分发达的媒体时代，仍旧能够被创造出来，并不断推陈出新，产生越来越多的经营方式。

## 第三节　网上服务型商业模式与创新

在网络这个虚拟世界里，除了构建网络本身和内容建设给网络企业创造了商业机会之外，基于满足网民对互联网应用需求还产生了形形色色的服务型产品。一方面，传统的服务业可以在网上得到更多的机会，金融、教育等传统服务利用互联网使得传统企业大大提升了效率，拓宽了客户，比如网上银行、网络教育和培训等都有十分成功的案例（本书对传统企业经营的互联网业务不进行深入研究）；另一方面，网络本身的功能、应用和特性就使很多成功的网络企业经营方式产生。前面提到，网络的功能和应用可以表现为通信、内容和交易三大平台，在信息资讯的内容方面，中国网络企业的表现已经证明，可以产生很成熟的商业模式，门户网站从2003 年开始大获成功就是最明显的例证。而中国网络企业实践证明，基于内容的信息检索（搜索引擎）业务、网络广告、企业推广服务等以及围绕网络的通信功能大做文章的电子邮件、短信、网络游戏、即时通信等服务也能获得巨大的成功。总之，目前中国的网络企业，提供形形色色的网络服务和产品，这些网上服务商业模式通过互联网在通信、信息检索等多方面的优势，为用户提供多方面的价值。本节对中国网络企业常见的这些网上服务型商业模式作些基本研究和分析。

从大的层次来看，网上服务型商业模式仍旧属于互联网产业群的内容提供层次。与第二节所研究的内容型商业模式提供信息资讯产品不完全相同，它们主要是提供网络服务型产品。

## 一　信息搜索服务

虽然信息对每个人都异常重要，但是，进入网络时代，网上信息呈现爆炸性增长，人们发现他们遇到的麻烦往往不是信息的获得，而是信息超载。搜索引擎以及基于搜索的技术服务可以帮助网民对所需要的信息进行定位、过滤和传播，在这个领域也就诞生了一些网络企业和成功的经营方式创新，百度和 3721 是两个最典型、最成功的中国网络企业。

1999 年底，百度公司由李彦宏和徐勇于美国硅谷创建。2000

年，百度回国发展。自进入中国互联网及软件市场以来，主要业务包括面向网民的搜索引擎服务、面向中文门户网站的搜索引擎技术服务、面向企业的网络营销工具，以及百度公司开发的拥有自主知识产权的企业级应用软件。经过几年努力，百度搜索很快成为全球最大的中文搜索引擎。

百度公司最核心的产品是搜索引擎，百度中文搜索引擎（www. baidu. com）是我国著名的搜索门户。同时，中国提供搜索引擎的门户网站，大多数由百度提供搜索引擎技术支持，百度搜索引擎使用了高性能的"网络蜘蛛"程序，自动在互联网中搜索信息，可定制、高扩展性的调度算法使得搜索器能在极短的时间内收集到大量的互联网信息。百度在中国各地和美国均设有服务器，搜索范围涵盖了中国内地、香港、台湾、澳门、新加坡等华语地区以及北美、欧洲的部分站点。每年，数亿的网民访问百度搜索引擎获取各种信息，成为不少网民接触互联网各种服务的"入口"。从创立之初，百度便将"让人们最便捷地获取信息，找到所求"作为自己的使命，成立以来，公司秉承"以用户为导向"的理念，不断坚持技术创新，致力于为用户提供"简单，可依赖"的互联网搜索产品及服务，其中包括：以网络搜索为主的功能性搜索，以贴吧为主的社区搜索，针对各区域、行业所需的垂直搜索，MP3 搜索，以及门户频道、IM 等，全面覆盖了中文网络世界所有的搜索需求，根据第三方权威数据，百度在中国的搜索份额接近 80%。

百度在搜索引擎服务方面具有如下特色：①核心技术：超链分析技术，是新一代搜索引擎的关键技术，已为世界许多大搜索引擎普遍采用。超链分析就是通过分析链接网站的多少来评价被链接的网站质量。②更大、更新、更快：百度支持搜索超过百亿的中文网页数据库，并且，每天都在增加几十万新网页，对重要中文网页实现每天更新，用户通过百度搜索引擎可以搜到世界上大量新的中文信息。百度在中国各地分布的服务器，能直接从最近的服务器上，以极快的搜索传输速度把所搜索的信息返回给当地用户。③活的搜索改变生活：百度深刻理解中文用户搜索习惯，开发出关键词自动提示：用户输入拼音，就能获得中文关键词正确提示。百度还开发出中文搜索自动纠错；如果用户误输入错别字，可以自动给出正确关键词提示。百度快照是另一个广受用户欢迎的特色功能，解决了用户上网访问经常遇到死链接的问题：百度搜索引擎已先预览各网站，拍下网页的快照，为用户贮存大量应急网页。即使用户不能链接上所需网站，百度为用户暂存的网页也可救急，而且通过百度快照寻找资料往往要比常规方法的速度快得多。百度还有其他多项体贴普通用户的功能，包括相关搜索、中文人名识别、简繁体中文自动转换、网页预览等。另外百度已增加了专业的 MP3 搜索、Flash 搜索、新闻搜索、信息快递搜索，并正在快速发展其他用户喜欢的搜索功能。

在搜索引擎核心产品和技术的支持下，百度又开发了一系列产品和服务，最著名的就是竞价排名。百度竞价排名，是由客户为自己的网页购买关键字排名，按访问量计费的一种服务。客户可以通过调整每次访问的竞价价格，控制自己在特定关键字搜索结果中的排名，并可以通过设定不同的关键字捕捉到不同类型的目标访问者。参加百度搜索竞价排名，网站会同时出现在百度、雅虎、搜狐、网易、21CN 等众多中国主要搜索引擎结果前列，从而被千千万万的在搜索引擎中查找相关行业、产品、企业、公司、网站等信息的网民优先看到。

与传统营销工具相比，百度竞价排名有着极其明显的优势，它能带来目标性极强的访问者，并按照网页信息的访问量收费，使客户得到实实在在的投资回报。

竞价排名的优势可概括为：第一，目标用户的覆盖面——百度搜索服务平台由几百家网站组成。加盟百度竞价排名后，目标用户只需输入产品的关键字即可在全国的网站上找到企业的产品介绍并进行电话咨询。第二，企业产品专业推广——企业的产品关键字与产品描述一对一放在显著位置，使目标用户方便、快捷地了解企业信息。第三，产品的发掘机会——企业可以注册与自身产品、业务相关的多种"产品关键字"，使企业的每一种产品有更多的机会被潜在目标用户发现。第四，自行管理推广效果——按照带来潜在目标用户的访问数量计费，而不是按照使用时间长短来计费，企业根据自身的市场情况，灵活控制推广力度和投入。

3721 公司是互联网知名企业家周鸿祎早期创办的一家公司，虽然这家公司已经因为出售给雅虎而退出了历史舞台，但在中国互联网发展历史和商业模式创新的过程中，却是一个值得研究的商业创新现象。3721 一直宣称自己是中文上网方式的推动者，他们为自己的核心产品也起了一个与众不同的名字——"网络实名"，他们之所以把网络实名叫作中文上网服务，是因为使用网络实名，用户无须记忆复杂的域名，直接在浏览器地址栏中输入中文名字，就能直达企业网站或者找到企业、产品信息。其实质也是基于信息搜索的服务，因为，用户要上某个单位的网站，必须要知道网站的域名，而域名一般是很复杂的，网民很难记住太多的域名，相对而言，单位或产品的名字记忆要容易得多。网络实名实质上是帮助网民进行信息的过滤和检索。如果网络实名只是为网民提供方便，它很难成为一种业务，因为网民已经太习惯了免费的东西。实际上网络实名之所以能成为网络企业成功的一种经营方式，主要在于它对企业的推广价值：域名网址无法和企业的中文名字完全一致，不能承担网上招牌的作用。网络实名形式上没有 www、http、com 等符号，和企业名称、品牌完全一致。企业将名称、品牌注册成为网络实名后，客户就可以通过这些熟知的名字识别企业网站，品牌在网下原有的影响力即可顺利扩展到互联网上，迅速成为企业的网上招牌，这样，3721 通过和各大网站合作，让网民免费使用，随着使用者越来越多，网络效应开始显现，网络实名对企业推广的价值就发挥出来了，而对企业有用，自然就有企业愿意购买网络实名服务。

在网络实名的基础上，3721 开发出了一系列相关产品和服务，如企业名片、排名服务、3721 中文邮等。企业名片是 3721 专门为中小企业量身定制的新一代网络营销解决方案，能够更好地肩负起帮助企业上网营销的职能，包括自助建站、实名注册、互动推广在内的全方位服务，其主要功能有：提供根据行业划分的数十套名片样式，使企业拥有专业的网络形象；简便、易用的在线维护方式，企业用户再也不用为了网站维护而烦恼；一套完整的企业名片包括企业概况、产品/服务信息、联系方式等，内容丰富；集成网络实名功能，让客户可以通过浏览器快速直达，并通过与 3721 合作的搜索引擎找到等；排名服务是指在浏览器地址栏中，用户输入关键词（往往是产品名称），企业的网站链接就会按照购买的排名位置，列在 3721 的左帧搜索结果中，供用户选择访问，它对企业的价值是帮助企业创建企业品牌，将企业产品信息准确地传达给客户，因而对购买这种服务的企业来说，是一种有效的网络推广方式。

3721 正是通过这些产品和服务大获成功，2004 年初，3721 被国际网络企业巨头美国雅虎公司看中，出资一亿多美元对其进行收购，3721 的创始人周鸿祎也因此顿成巨富。不过遗憾的是，由于互联网环境的变化以及公司政治等各种原因，在被雅虎收购之后，3721 的业务逐渐销声匿迹。

## 二 网络广告服务

网络广告，是指以互联网为传播媒介发布广告的广告方式和商业行为，被定义为：网络广告不仅仅是在网站上放置一个名称或标示，而是通过互联网提供了一种"一对一"营销的方式和全面解决方案，它是传统广告与电子直复营销的结合。狭义的网络广告，通常指互联网上建立的一个含广告内容的 WWW 节点，它一般主要指旗帜广告（Banner），用户点击它便可链接到广告主的 WWW 节点上。我们认为，对网络广告作此理解显然过于狭窄，因为 e-mail 广告也是一种非常典型的网络广告形式，广义的网络广告，通常指在互联网上发布的一切广告信息，包括企业的互联网域名、网站、网页等。网络广告是一种新兴的广告形式。我们知道，传统的广告业已发展得比较成熟，例如纸介质的出版广告至今已经有500 多年的历史，电视广告发展至今也有 50 多年。网络广告，则是在互联网商用化以后发展起来的，至今只有短短几年的历史。在我国，第一条网络广告诞生于 1997 年的 ChinaByte 网站，是 IBM 公司投放的，可见网络广告整体上仍旧处于初期发展阶段，根据有关数据，近十几年来，中国网络广告的市场规模快速增长，目前每年已经超过 300 亿元人民币（不含搜索引擎行业），成为中国互联网行业最主要的商业模式之一。

网络广告的主要形式包括：①旗帜广告或标题广告（Banner），它通常是用 GIF、JPG 等格式表现广告主的产品、服务等广告内容的图像文件，放置在广告主自己或他人网站的页面上。②按钮广告或标示广告（Buttons/Logo），是放置在网页上的一种比 Banner 简单的广告链接形式，规格和容量都比较小。③填隙广告或插页广告（Interstitial/Pop-up Windows），是在受众访问自己所选择的网站或栏目出现之前，填入或弹出的一个新窗口显示广告，其规格、容量及广告内容都比较灵活。④电子邮件或邮件直邮广告（e-mail/Direct Marketing），是利用免费电子邮件网站、电子邮箱或直接利用 ICP 的电子邮件列表发送的广告，通常此类广告是与读者订阅的信息内容一道发送的，因此广告的比例不宜过大，而广告的形式可以多种多样。⑤赞助商广告（Sponsorships），是广告主通过对特定的网站内容或节目提供赞助换取的在线广告，具体的广告形式也是多种多样的，表 4 - 4 是天极公司旗下两个主要网站 www.chinabyte.com 和 www.yesky.com 的部分网络广告形式。

**表 4 - 4　天极 ChinaByte 网站的网络广告形式**

| 广告形式 | 投放位置 | 制作形式 | 尺寸 | 大小 |
|---|---|---|---|---|
| 普通 BUTTON | 频道首页 | GIF/SWF | 120×60 | <8K |
| 特殊 BUTTON | YESKY 首页 | GIF/SWF | 150×100 | <10K |
| 特殊 BUTTON | CHINABYTE 首页 | GIF/SWF | 240×60 | <10K |
| 双 BUTTON | 频道首页 | GIF/SWF | 120×120 | <10K |
| 垂直 BUTTON | 频道首页 | GIF/SWF | 120×160 | <12K |
| 扩展 BUTTON | 频道首页 | GIF/SWF | 120×60 | <8K |
| 流媒体 | 频道首页 | SWF | 200×200 | <15K |
| 图文头条 | YESKY 首页 | GIF/SWF | 104×85 | <8K |
| 新闻焦点文字 | 首页 | 文字 | <18 字 | |
| 文字链接 | 频道首页 | 文字 | <10 字 | |
| 顶部通栏 | 首页顶部 | GIF/SWF | 500×90 | <20K |
| 顶部通栏 | 页面顶部 | GIF/SWF | 468×60 | <20K |
| 通栏（第一个） | 首页上部 | GIF/SWF | 760×90 | <30K |
| 通栏（第二个） | 首页中部 | GIF/SWF | 760×90 | <30K |

资料来源：天极公司销售部文件。

网络广告具有传统广告不可比拟的一些优点，主要是：①跨越时空、全球性覆盖、受众面广。基于互联网，网络广告可以把信息

24 小时不间断地传播到世界各地。只要具备上网条件，任何人在任何地点都可以接收到广告信息。②互动性强，互联网是最具即时互动性的广告媒介，从技术上可以实现广告主网站媒体、广告代理商与受众间的即时互动，实现网络广告发送与点击的精确统计，实现对广告主的即时反馈和广告功效的评估。③表现手段丰富，网络广告在表现手法上可以做到对种种传统广告形式的兼收并蓄，文本、图形、影像、语音、音乐、色彩等多媒体手段，使广告对受众有更强的冲击力和感官效果。④广告信息量更大、面更广，互联网作为广告媒体可以突破传统广告媒体在版面或播出时间上的容量限制，将更多的广告信息提供给受众。⑤可准确锁定目标受众，基于互联网的技术，网络广告可以帮助广告主将广告信息发送到最有可能的潜在用户，因此更有效率。⑥形式灵活、成本低，网络广告能低成本地寻找到目标受众，而且能按照需要随时变更广告内容，并能根据经营决策的变化及时实施和推广。另外，与电子商务平台结合，还能同时实现网上预订、交易与结算，降低交易成本，增强网络广告的实效。⑦广告效果可数据量化，通过技术手段，可以跟踪到浏览量、点击率、在线时间甚至是对购买行为的影响等各种量化效果数据。

新浪由于其品牌和访问量优势，一直是中国最大的网络广告网站之一，网络广告所带来的收入一直占到新浪收入的一半以上。以下的案例摘自笔者撰写的对新浪网前总裁汪延的一篇报道①，它可以说明新浪网早期在网络广告方面的一些创新。

在新浪盈利之前，汪延对新浪网的广告一直都抱有极大的信心，他的信心来自对互联网广告的反思。"互联网广告的优势数不

---

① 范锋：《新浪发动网络广告革命》，2001 年 4 月 23 日《21 世纪经济报道》。

清，比如可以交互，比如内容无限，比如可以精确量化等，而互联网用户的主流又是高收入、强购买力等企业客户重点追逐的消费群体，它为什么不能很好地被企业客户接受呢？"

新浪反思的结果是发现了互联网广告在形式上和售卖方式存在两个误区。从形式上看，一是互联网广告的"Banner"或者"Button"之类的主要广告形式，很难达到电视的全屏或者报纸的整版、通栏等传统媒体广告的效果；二是互联网广告虽然容易量化，但它"轮播"的流程有时会让企业客户形成"接受障碍"，一些公司投了广告，而广告主自己却看不到，不如报纸等媒体广告，可以拿在手上阅读让人放心。

当然的结论就是要改革互联网广告本身。汪延说，新浪在广告上的突破是形式上采用"巨型广告"和售卖方式上采用"分时段，全流量"的广告销售策略：在某一时段某一频道全部是客户的广告，好的时间段广告就贵一些。为了更有针对性，新浪还采用了"细分市场"的售卖手法，比如区域上的细分，"上海房地产商的广告可以只提供给上海地区的互联网用户，北京地区的用户没必要看到"，同样的思路，新浪还会考虑"性别、年龄"等细分要素，给客户提供最有价值的广告。

"这既是对传统媒体广告经营思路反思后的一种回归，也未尝不是对一些竞争对手在技术上建一道门槛"，汪延说。

## 三 网络短信经营方式

短信（Short Message，简写为 SMS）是电信平台和互联网平台结合的产物，初试锋芒即威力大显，不仅加大了电信企业向增值服务转移的步伐，也加快了互联网增值服务商走向盈利的速度。中国网络企业能够走出网络的冬天，短信服务居功至伟；新浪、网易、搜狐等中国主要网络企业的盈利都靠短信业务，据业内人士估计，目前中国短信业务收入每年超过千万元的网络企业就有几十家。严格说来，短信的主要推动者不是网络企业，而是移动运营商，网络企业只是短信产业链中的一环，但是，鉴于短信对网络企业是如此重要，在网络企业的运营模式中，短信已经是一种不可或缺的业务。我们在研究短信业务的发展的时候，不可避免地要牵扯到移动通信运营商。

从短信本身来看，1992 年英国沃达丰（Vodafone）公司通过 PC 向移动电话成功发送世界上第一条短信息。与话音传输及传真一样，短信服务同为 GSM 数字蜂窝移动通信网络提供的主要电信业务。用户间传递的信息经过短信息中心（SMS）中转，如同一位"空中信使"。但是信使对"信件"的大小要求很严，限定每条 160 个英文字符，或者 70 个中文字符。同样，还可以发送低于 140 字节的手机铃声或者手机开机画面。最新的 MMS（多媒体短信技术）也已经成为现实。已经发布的三星 T108 彩屏手机，即支持长达 1 分钟的、视频质量相近于 RM 格式的视频。

网络企业能够把短信演变成网络企业的经营方式，还缘于中国移动推出的"移动梦网创业计划"的商业模式，在该计划里，运营商允许 SP（短信服务商）自主开发具有知识产权的短信产品，在将产品提交中国移动核准之后，以最高 2.00 元/条的价格提供给用户。同时，中国移动大度地承揽起代这些 SP 收取信息费的责任。在中国移动统一号召和监管下，各个 SP 充分利用自身的资源优势，开展了众多令人耳目一新的短信应用。最普遍的短信业务有四种业务。手机个性 DIY：以图片和铃声的下载为代表的服务；资讯：以新闻定制为代表的媒体短信服务，这也是许多普通用户最早和大规模使用的短信服务。目前这种资讯定制服务已经从新闻走向社会生活各个领域，股票、天气、商场、保险等；沟通：移动 QQ 帮助腾讯登上了"移动梦网"第一信息发送商的宝座。"移动 QQ"和 QQ信使服务，使手机用户和 QQ 用户实现双向交流，一下子将两项通信业务极大地增值了；交友娱乐：以提供交友信息、娱乐游戏等为代表的短信业务，娱乐短信业务现在已经成为被最为看好的业务方向，娱乐短信业务是最能够发挥手机移动特征的业务。

中国的短信用户似乎是一个富矿。网易最先挖开自己的矿脉，获得了连续四个季度超过 50% 的短信收入环比增长；然后是搜狐，2002 年第四季度和 2003 年第一季度的短信收入环比增长都超过了80%；紧接着是新浪通过并购讯龙获得短信收入的高增长（见图4-3）。

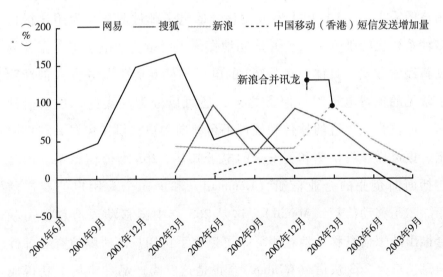

**图 4-3　短信的波浪式发展**

资料来源：笔者参考相关数据绘制。

## 四　网络通信服务

互联网作为通信的平台，是其三大基本功能和应用之一，在网络的通信功能方面，网民使用最频繁、网络企业经营方式创新最多的集中在电子邮件和即时通信（网络聊天）服务。

电子邮件在中国最早的应用一般都是作为网站的免费功能和应用服务，即附属业务功能提供的，也很少有单独做电子邮件服务业务的网络企业，这跟当时流行的"眼球经济"有关，几乎所有著名的网络为了吸引网民浏览，都提供免费电子邮件服务，来聚集人气和访问量。

263 网络集团曾经是中国最早、最大的专业化免费电子邮件服务商，据统计，263 免费邮箱的在线注册数、经常使用用户数和邮箱的使用率等方面均居全国首位。正是在提供免费电子邮件服务的过程中，263 注意到其实电子邮件用户有着不同的需求，为了满足用户的需求，263 推出了专业化整合的电子邮件服务，为用户提供多种系列化的邮件产品，并成功地做成了网络企业电子邮件服务的创新经营方式。具体说来，263 的电子邮件专业化服务方式创新除了常见的免费电子邮件服务之外，还可以分为三类：一是增值信箱，即整合最先进的软件和硬件平台，向用户提供比免费邮箱更稳定、更可靠、更快速和更安全的电子邮件。263 增值信箱系列产品包括面向企业的企业信箱（Commail）和面向个人用户的专递信箱。二是移动信箱（Mmail），这是 263 与中国移动通信总公司联合推出的短信息移动信箱服务，可以使手机用户随时随地查看邮件信息。三是 263 快信（Winbox）。正是这三类产品在市场上获得成功，使 263 意识到，电子邮件并不只是网站的附属品，于是他们加大了投入，把电子邮件产品继续做深做透，他们新近推出的"263第二代邮件"产品也颇有新意，与以往电子邮件产品相比，采用了全新图形界面、增加了提供短信、网络游戏、图片等信息存储空间的网络文件柜功能等。

　　电子邮件服务是网络通信基本的应用之一，在中国几乎每个网民都有一个甚至几个电子邮箱，但是，电子邮件服务很难使用户做到即时通信交流，即时通信之所以深受青睐，完全得益于它在沟通中为用户带来的极大满足感。随着移动和互联越来越深入地走进生活，人们渴望在任何时间、任何地点将尽可能多的通信工具融合在互联网同一个沟通环境下，实现各种通信工具的互补和整合。人们不再局限于单一的网上或网下的沟通，而是希望通过跨平台、多终端的通信技术来实现一种集声音、文字、图像于一体的低成本高效率的通信服务，于是在即时通信（Instant Messenger，简称 IM）方面，一些网络企业也创造了成功的创新方式，腾讯公司就是最著名的一家即时通信网络企业，该企业开发的网络即时通信应用产品 QQ 就获得了极大成功，自 1999 年 2 月 QQ Beta 版本推出后迅速风靡大江南北，2004 年，腾讯 QQ 就已经拥有活跃用户 5500 万，成为华人群体最大的即时通信网络，腾讯 QQ 用户群已成为中国最大的互联网注册用户群，腾讯也成为亚洲最大的即时通信服务商。2004 年 6 月 16 日，这家公司在香港联交所主板上市，并一直稳步发展，成为中国互联网行业的老大，公司市值更是超过 3000 亿港元。

　　腾讯把为用户提供"一站式在线生活服务"作为战略目标，提供互联网增值服务、移动及电信增值服务和网络广告服务。截至 2011 年 9 月 30 日，QQ 即时通信的活跃账户数达到 7.117 亿，最高同时在线账户数达到 1.454 亿。腾讯的发展深刻地影响和改变了数以亿计网民的沟通方式和生活习惯，并为中国互联网行业开创了更加广阔的应用前景。通过即时通信 QQ、腾讯网、腾讯游戏、QQ 空间、无线门户、搜搜、拍拍、财付通等中国领先的网络平台，腾讯打造了中国最大的网络社区，满足互联网用户沟通、资讯、娱乐和电子商务等方面的需求。

腾讯QQ支持在线聊天、即时传送视频、语音和文件等多种多样的功能。同时，QQ还可以与移动通信终端、IP电话网、无线寻呼等多种通信方式相连，使QQ不仅仅是单纯意义的网络虚拟呼机，而是一种方便、实用、高效的即时通信工具。在经营方式上，腾讯公司把自己的服务分成了四类，即基础服务、无线增值服务、基础增值服务和企业IM服务。基础服务即是支持QQ用户的在线聊天应用；腾讯无线增值服务则是将QQ与传统通信平台紧密结合，有了手机、固定电话，不用上网用户也可随时随地互Q信息（由于QQ的巨大影响，网民们把Q这个字母作为一种沟通的方式），并提供交友、娱乐、订阅、语音等服务；腾讯定义的基础增值服务又叫会员服务，对那些加入QQ会员的用户，腾讯公司提供论坛贴图、申请个人聊天室、精确查找好友等20多种增值服务产品；腾讯定义的企业IM产品又叫RTX腾讯通，是可以让企业免费下载、使用的商用即时通信系统，其最大的特点在于低成本、跨平台和高效率。人性化的设计让RTX不仅拥有即时通信、多方视频网络会议、企业手机短信中心、信息安全保护等功能之外，还提供新闻、天气预报、流行时尚、游戏、彩票、预订酒店、预订音乐会门票、查询航班/车次等商务及娱乐服务，RTX成为实现企业信息数字化的有利工具。

## 五　网络娱乐服务

由于互联网的迅速发展，网络接入速度的提升，不少企业开始尝试把传统的各种服务放到网络上运营，网络教育、网络银行、网络电影、数字图书馆等都是网络时代新出现的经营模式，而最为成功的就是网络游戏。当然，从事这些网络新兴服务的企业并不全都是本书所定义的网络企业，但是，在网络应用深入人们生活的过程中，在这些领域也诞生了不少成功的网络企业，盛大、完美时空、巨人网络等就是其中颇为成功的代表，尤其是盛大网络，在 2003 年的中国富豪排行榜上，成立 3 年左右的盛大网络的创业者陈天桥即赫然挤进中国个人财富的前十位，创下了又一个互联网神话，而据中国国家新闻出版署统计，2006 年，中国网络游戏的产值就高达 50 亿元，联众、完美时空、巨人网络、金山软件等新旧公司，都是在这一领域掘金，并在很短的时间内创造了巨额财富，成功登陆海内外各大证券市场，成为网络企业新贵。① 而到了 2011 年，网络游戏行业的规模更是发展到超过 400 亿元。在这里，笔者以网络游戏的产业和企业分析为代表，研究这些传统的服务在网络上的经营模式。

简单地说，网络游戏就是把电脑游戏嫁接到互联网上的一种娱乐服务。跟网络短信的经营模式相类似，网络游戏本身就是一条完整的产业链，向用户提供网络游戏服务，在这条链条上大致形成了以下几种类型的企业：网络游戏开发商、网络代理运营商等。在网络游戏领域，大致有四种服务模式——自有产权企业、代理运营企业、综合门户企业和电信运营企业。

自有产权经营模式的典型代表企业为联众，所以也称其为联众型企业。它的核心优势在于充分体现网络游戏运营商商业模式的完整性。除了需要电信企业和 IDC 的带宽和数据支持外，自主开发型企业商业模式包含了网络游戏价值链的各个环节。它们位于产业链的上游，经营方式灵活，既可以自身运营服务，也可以通过技术转让或合作运营、销售等方式，积极开展代理、合作。代理运营企

---

① 《范锋：史玉柱终于成为了巨人》，2007 年 11 月《国际航空报》。

业位于产业链的中下游，受制于游戏开发商，所代理的产品有限，游戏产品对运营商的影响较大，商业模式不完整。这一类企业以盛大网络为代表，不过随着企业实力的壮大，盛大近期也开始了自有产权游戏产品的开发，并投入运营。在综合门户网络企业中，有的自行开发网络游戏，有的代理运营网络游戏，也有的是两者兼而有之。但网络游戏并非此类企业的主营，所以此类企业一般的收入集中在会员服务类。这类企业最典型的代表是网易和新浪。电信运营企业在网络游戏产业里也扮演了重要角色，他们多数以提供网络游戏运行平台方式参与市场，且网络游戏属于非主营业务，一般收入集中在运行部分。

从网络游戏企业开发的产品来看，网易是一个比较成功的案例。在当年多以西方奇幻类为主的游戏中，网易早期推出的《大话西游》因带有强烈的东方色彩而独树一帜。

## 六 网络安全服务

电脑和信息数据安全问题，是伴随着计算机的出现而产生的，早在 20 世纪 90 年代，随着计算机在中国的普及，出现了许多针对企业和个人电脑用户提供计算机安全保护服务的软件公司，如著名的杀毒软件公司江民、瑞星等。从这个意义上来说，计算机的信息安全服务很难称得上是网络企业的商业模式创新。然而，奇虎360的出现，采用了不同于之前杀毒软件的商业模式，迎合了中国互联网快速发展带来的大量的网络安全服务需求，并由此改变了中国用户的信息安全服务市场格局和整个行业，奇虎360开创的免费网络安全服务模式也成为中国多数网民的基础服务之一，奇虎360也在短短几年内成为用户量排第二位的互联网服务公司，创造了中国互联网行业的商业奇迹。

　　奇虎360成立于2005年9月，创始人则是曾经创办3721公司的周鸿祎。随着互联网应用的普及，一些不法个人和机构通过木马盗取网游网银账号、偷窃用户隐私、恶意广告点击等谋取暴利，导致木马泛滥，严重危害互联网的健康发展。传统安全公司不能适应互联网的新形势，木马查不出、杀不掉，更加剧了互联网的安全危机。奇虎360公司于2006年7月17日推出360安全卫士，以杀木马、防盗号、全免费、保护上网安全为方针，有效地遏制了木马泛滥的趋势，受到网民和互联网服务商的极大欢迎。奇虎360拥有360安全浏览器、360保险箱、360杀毒、360软件管家、360网页防火墙等系列产品。短短几年时间，奇虎360的用户就拥有了超过2亿的用户。虽然360安全卫士和杀毒产品都是免费模式，但是该公司却可以通过在线广告和游戏等增值服务获得收入。2011年3月30日，奇虎360在美国纽交所挂牌上市，开盘价为每股27美元，据此估算，奇虎360的市值则高达32.4亿美元。

　　奇虎360的成功也颠覆了整个信息安全行业，逼得传统的面向个人用户的杀毒软件公司瑞星、江民、金山等要么迅速丢掉市场甚至销声匿迹，要么也采用跟随战略，通过免费提供网络安全服务获得用户，进而通过销售在线广告或其他增值服务获得收入；尽管如此，已经稳居网络安全服务市场老大的奇虎360是否还会留给其他对手生存空间还需要观察。这种创新性的行为，也被业界惊呼为"破坏式创新"，正在促使整个行业不断反思。

　　以上研究的六种网上服务型商业模式是中国网络企业常见的网上服务，从大的产业层次上看，它们仍旧属于内容提供的层次。事实上，很多门户网站都包含内容型商业模式和网上服务型等多种商业模式，其原因就在于此。这些网上服务型商业模式成立的原因跟内容型商业模式有很多相似之处，在此不再进行详细的分析。

# 第四节　电子商务网络企业商业模式与创新

由于受"注意力经济"理论的影响，网络企业在发展的过程中，有相当一段时间把经营的重点放在了如何吸引网民的眼球上，大量的资金被用于做铺天盖地的广告，而忽视了网络企业也是企业，也必须向网民提供切实的产品和服务才能真正成功。前面所提到的网络企业商业模式，大都是网络建设和网络功能应用本身（接入、内容和网络应用）所产生的一些成功的经营网络企业商业模式，从网络应用的前景来看，电子商务无疑具有更大的前景和空间。电子商务理念的倡导者 IBM 公司（国际商用机器）认为电子商务就是"在网上进行买卖交易"，其内涵是"企业以电子网络技术为手段，改善企业经营模式，提高企业运营效率，进而增加企业收入"。从 IBM 定义的电子商务来看，企业要想在市场竞争中取胜，在新的经济环境下，都必须采用电子商务的经营方式，所以他们提出了一句著名的口号："要么电子商务，要么无商可务！"根据 IBM 定义的电子商务概念，在网络经济中，电子商务企业由两类企业组成："鼠标企业"和"水泥＋鼠标企业"。前者是指新兴的网络即新兴的网络电子商务公司，后者即为开展电子商务的传统企业。

在中国网络经济的大潮中，电子商务曾经是被普遍看好的一种互联网发展领域，但是由于电子商务的产业链比较长，需要整合的资源比较多，用户习惯和观念的培养周期较长，难度比较大，早期进入的电子商务公司往往以失败告终。近两年来，随着网络支付环境的改善、物流的发展，以及更多的资金投入这一领域，电子商务在中国开始取得快速发展，阿里巴巴、当当网等领导型电子商务公司已经成功上市，而基于 C2C 模式发展起来的电商交易平台淘宝网，基于 3C 领域成长起来的京东商城，基于自主品牌服装成长起来的凡客诚品，基于团购模式成长起来的拉手网、美团网等团购网站以及各种各样的垂直领域的电子商务网站也不断涌现并快速扩张，以及围绕电子商务相关的支付企业支付宝、快钱等电子支付企业和服务电子商务的顺丰、申通等快递物流公司等也迅速壮大发展起来。电子商务正成为中国互联网炙手可热的发展领域，根据市场研究机构艾瑞咨询的数据，2011 年，中国电子商务市场交易规模达到 7 万亿元规模（见图 4 - 4）。

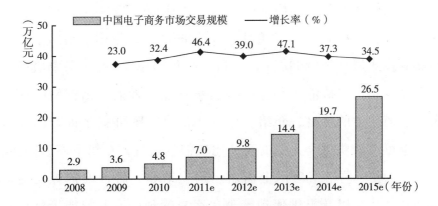

**图 4 - 4　艾瑞咨询：2008～2015 年中国电子商务市场交易规模研究和预测**

电子商务，在电子商务商业模式创新上做了许多有价值的尝试，下面结合中国网络企业的相关实践，对电子商务商业模式做些基本的研究。

## 一　网上零售

在中国最早尝试网上零售业务、知名度最高的是 8848 网站，1999 年，8848.net 网站对外发布，之后注册成立北京珠穆朗玛电子商务网络有限公司，注册资金 120 万元，在网上零售 15000 多种商品，并在同年很快获得风险投资，注册资本超亿元，每月零售额达到1000多万元。8848网站成了当时中国网络企业里最传奇的神话。8848笃信"注意力经济"，认为吸引网民的注意力是万能的，所以，只有在那个疯狂的年代，才会有不计成本、不顾持续经营的这种网络电子商务。但是经济是现实的，不是神话，一心追求知名度和"大而全"的网上零售模式使8848很快走向溃败，2001年，这个网站的创始人被称为"中国电子商务第一人"的王峻涛因为与资本方的纠缠不清的关系，终于辞职，只给8848留下了不知有什么用处的知名度和一群群上门要账的供应商。2004年，在沉寂了两年之后，8848又传出"卷土重来"的消息，号称推出两个全新的商业模式概念："购物引擎"和"销售引擎"。购物引擎服务简而言之就是，支持消费者直接搜索某商品，查询、比较商品在众多网上商店中的价格、介绍、评论等信息。既可直接进行网上购物，也可以在获得全方位的商品比较信息之后，在线下商店购买；"销售引擎"包括搭建网上商店、购物结算、后台维护等功能齐全的整合平台以及提供促销管理、客户管理、商业智能等整套销售工具，8848意欲通过"销售引擎"与其购物引擎实现良性互动。不过，8848的这次卷土重来终究没能东山再起，很快就又归于沉寂，这家一度是中国电子商务旗帜的互联网公司终于成为了"先烈"。

同8848来去匆匆的网上零售发展历程不同，卓越网采用另外的经营方式和思路。卓越网发布于2000年5月，主营音像、图书、软件、游戏、礼品等流行时尚文化产品，其工作流程是：用户需求—选品—采购—编辑（销售）—订单—物流—配送—完成需求，进入下一循环，在这种流程中，网站起到沟通企业和顾客的沟通平台的作用，而商品的交付则在线下进行。卓越网诞生以来，凭借独创的"精选品种、全场库存、快捷配送"之"卓越模式"，迅速成长为国内最有影响力和辐射力的电子商务网站之一。据当时的卓越网市场总监张栋伟介绍，所谓精选品种，是指卓越网不进行空有商品名称而没有库存的"目录式"销售，而是通过和消费者的多种渠道的互动，了解消费者的实际需求，进行有效的选品，选择更适合于大规模推广的精选商品，以超低的价格提供给消费者。全场库存，卓越网对经过精选的商品，实行全库存销售，即上架商品一定是仓库中有现货提供，一旦仓库中某种商品售空，则给予用户"缺货提示"。快捷配送则指卓越网对消费者实行 VIP 服务、送货上门、加急配送、EMS 快递、UPS 快递、邮局包裹等多种配送方式，消费者能在最短时间获得所订购的商品。2004 年 8 月 19 日，卓越网以 7500 万美元的价格被亚马逊（www. amazon. com）收购，成为亚马逊公司在全球的第七个站点。

2003 年 5 月，阿里巴巴集团成立上线了淘宝网，其目标是致力于创造全球首选网络零售商圈。淘宝网通过结合社区、江湖、帮派来增加网购人群的黏性，并且采用最新团网购模式，让网购人群乐而不返。跟 8848、卓越网等电子商务网站不同，淘宝网业务跨越 C2C（Consumer to Consumer，消费者对消费者）和 B2C（Business-to-Consumer 商家对消费者）两大部分，获得了奇迹般的增长。据统计，截至 2009 年底，淘宝网拥有注册会员 1.7 亿，2009 年的交易额为 2083 亿元人民币，2010 年则高达 4000 亿元人民币，成为亚洲最大的网络零售商圈。2011 年 6 月 16 日阿里巴巴集团宣布，旗下淘宝公司将分拆为三个独立的公司，即沿袭原 C2C 业务的淘宝网（taobao）、平台型 B2C 电子商务服务商淘宝商城（Tmall）和一站式购物搜索引擎—淘网（Etao）。

2009 年以来，随着中国互联网网民规模持续扩大以及购物习惯的培育、电子支付和物流等电商运营的环境的发展，以及大量的风险投资和战略投资资金的流入，网上购物在中国的发展渐成趋势，一大批的电子商务企业迅速出现和成长起来，并形成不同的特色和模式，比较有代表性的包括京东商城、凡客诚品、苏宁易购等。

京东商城的前身是中关村一家光磁产品代理商，2004 年初开始尝试电子商务，初期叫"京东多媒体网"，2007 年更名为京东商城，并融资千万美元，专注在手机数码、电脑办公等"3C"产品的网上零售，2009 年和 2010 年，这家公司又先后融到巨资，跳跃式发展，进入图书、百货等多个领域，拥有遍及全国各地的超过 2500 万注册用户，近 6000 家供应商，在线销售家电、数码通信、电脑、家居百货、服装服饰、母婴、图书、食品等 11 大类数万个品牌百万种优质商品，日订单处理量超过 30 万单，2010 年，京东商城跃升为中国首家规模超过百亿的网络零售企业，已经成为中国最大的网上零售企业，而且仍旧在快速扩张之中。

凡客诚品是中国电子商务大潮中出现的又一家颇有特色的电子商务公司，成立于 2007 年 10 月，创始人陈年也是卓越网的创始人之一。凡客诚品主要经营自有品牌的服装服饰，目前已拓展涵盖至男装、女装、童装、鞋、配饰、家居、化妆品等七大类商品，在经营上，凡客诚品支持全国 1100 城市货到付款、当面试穿、30 天无条件退换货。创立四年时间，凭借极具性价比的服装和完善的客户体验，凡客诚品已经成为网民服装服饰购买的第一选择，2011 年的营业额据称已达到 30 亿元人民币以上规模。凡客诚品（VANCL）的品牌理念是打造"互联网快时尚品牌"，主张以"高性价比的自有品牌"，给用户"全球时尚的无限选择和最好的用户体验"。

苏宁易购是传统家电连锁商店苏宁集团于 2010 年打造的 B2C 网上商城，也是传统商业巨头尝试网上零售的一种新的战略举动。其发展战略是，用三年左右的时间，建成为符合互联网经济的独立运营体系，组建 1000 人的 B2C 专业运营团队，形成以自主采购、独立销售、共享物流服务为特点的运营机制，以商品销售和为消费者服务为主，同时在与实体店面协同上定位于服务店面、辅助店面，虚实互动，为消费者提供产品资讯，服务状态查询互动，以及作为新产品实验基地，将消费者购物习惯、喜好的研究反馈给供应商设计，提升整个供应链的柔性生产、大规模定制能力。和实体店面线性增长模式不同，苏宁易购能够快速形成全国销售规模，呈现几何式增长，同时依托线下既有的全国性实体物流、服务网络，苏宁易购能够共享现有资源，快速建立自己的盈利模式。

除了以上这些有代表性的网上零售电子商务企业之外，还有大批的网上零售电子商务公司出现，他们或专注某一类商品（如乐淘专注于"卖鞋"），或是快速开拓疆土，走向百货网上零售（如京东从 3C 转向百货），或是凭空打造一个全新商品品牌（如凡客诚品）等，不断地进行各种创新和探索，推动中国电子商务快速发展。从交易的主体来看，网上零售经营方式其实是网络企业和消费者之间的交易，是一对多的关系，所以这种商业模式又常被业界称为 B2C（Business to Customer 企业对消费者）商业模式。

## 二　网络贸易（B2B）

在商业领域，企业面向企业客户的企业市场是一个非常重要和庞大的市场，这经常又被简称为 B2B（Business to Business），而随着互联网的出现和发展，越来越多的 B2B 交易转向互联网，这种网络贸易型的 B2B 也成为电子商务的重要类型和模式之一，虽然对于普通消费者来说并没有直观的感觉，但在电子商务领域，B2B的交易额很早就超过 B2C 的交易额，数据显示，在年初互联网上 B2B 的交易额已经远远超过 B2C 的交易额。2006 年全球 B2B 电子商务市场的规模已经达到了 5.8 万亿美元，2011 年全球电子商务市场规模则可能达到 40.6 万亿美元。

一般说来，B2B 又包括四种常见的类型。一是面向制造业或面向商业的垂直 B2B 模式，可以分为两个方向，即上游或下游。生产商或商业零售商可以与上游的供应商之间形成供货关系，也可以与下游的经销商形成销货关系，而这些如果通过互联网平台进行交易，则可以称为垂直 B2B 的电子商务模式。二是面向中间交易市场的综合 B2B 模式，是将各个行业中相近的交易过程集中到一个场所，为企业的采购方和供应方提供交易的机会。而提供这类 B2B 服务的网站，其实自己既不是拥有产品的企业，也不是经营商品的商家，它只提供一个网络交易平台，在网上将销售商和采购商汇集一起，采购商可以在其网上查到销售商的有关信息和销售商品的有关信息。第三种类型是自建 B2B 模式，是指一个企业基于自身的信息化建设程度，搭建以自身产品供应链为核心的行业化电子商务平台，串联起行业整条产业链，供应链上下游企业通过该平台实现资讯、沟通、交易。但此类电子商务平台过于封闭，缺少产业链的深度整合。第四种类型被称为关联行业的 B2B 模式，是指相关行业为了提升目前电子商务交易平台信息的广泛程度和准确性，整合综合 B2B 模式和垂直 B2B 模式而建立起来的跨行业电子商务平台。

阿里巴巴网站是中国最著名的 B2B 电子商务公司，是马云在1999 年创办的企业对企业的网上贸易市场平台。阿里巴巴通过旗下三个交易市场协助世界各地数以百万计的买家和供应商从事网上生意。三个网上交易市场包括：集中服务全球进出口商的国际交易市场、集中国内贸易的中国交易市场，以及通过一家联营公司经营、促进日本外销及内销的日本交易市场。此外，阿里巴巴也在国际交易市场上设有一个全球批发交易平台，为规模较小、需要小批量货物快速付运的买家提供服务。所有交易市场形成一个拥有来自240多个国家和地区超过6100万名注册用户的网上社区。为了转型成为可让小企业更易建立和管理网上业务的综合平台，阿里巴巴亦直接，或通过其收购的公司包括中国万网及一达通，向国内贸易商提供多元化的商务管理软件、互联网基础设施服务及出口相关服务，并设有企业管理专才及电子商务专才培训服务。2007年11月，阿里巴巴集团旗下B2B业务在香港上市。

## 三　网上拍卖（C2C）

市场是供求双方交易的场所，在现实生活里，由于市场的空间有限和信息沟通的不畅，供求双方都很难找到最合适的交易对象，但是网络作为交易的平台，商品信息的容量是无限的，而信息的沟通是没有障碍的，随着网民的增加和网络环境的改善，网络拍卖正在兴起，开始挑战固定价格制度。拍卖的对象可以是收藏品和二手货，也可以是企业采购和各种劳务。

在中国早期网络拍卖的电子商务领域里，易趣是做得比较成功的一家（www.eachnet.com）。1999年8月，两个哈佛商学院的毕业生邵亦波和谭海音在中国上海创办易趣网时，可以说是揭开了中国电子商务发展史的重要一页。易趣的成立堪称填补了中国电子商务C2C模式的空白。

在易趣的网站上，供应方可以登录注册，然后发布自己的商品的信息，而需求方可以发布自己的购买意愿，交易双方的价格可以支持协商定价。这里所说的商品，可以是全新的产品，也可以是二手货，而所谓的卖方也不一定就是企业，往往是个人，翻箱倒柜地找出自己的各种不用的物品，也可以成为"卖方"。易趣在网站上设置了不同的商品类别，可以使买卖双方都很轻松地根据自己的需要走进这个"虚拟拍卖场"，因而吸引了大量的网民参与，网络拍卖已经演绎成一种网络文化现象，获得了不小的成功。刚开始的时候，为了吸引用户，易趣的买卖双方可以匿名注册，但是后来，易趣采取了卖家"实名制"，这样，一方面可以保证交易的信用，另一方面，也为易趣的经营收费奠定了基础。

分析易趣的经营模式，我们可以看到，易趣其实是一个信用和信息中介，作为信息中介，网络拍卖服务企业不像网上零售，它自己可以不拥有库房和商品；而作为信用中介，易趣的"交易安全基金"是买卖双方的"护身衣"，能让"买家"在交易受蒙骗时获得大部分赔偿；会员信用制度和信用标记有助于判断交易对象的诚信度，它可以帮助买卖双方建立信用，而信用则是商业的"润滑油"。这使得易趣的交易平台既具有了传统拍卖交易市场的信用基础，又比传统的拍卖交易市场的信息交流中介功能更大更强。

易趣作为中国最早的拍卖网站，一度非常成功，然而不久就出现增长乏力、资金紧张的状况，2003 年，被全球最大的电子商务公司之一 ebay 以 1.5 亿美元收购。并购之后 Ebay 主导的易趣并没有如愿获得更进一步的发展，而是处境日益困难，市场份额不断下滑。这跟美国公司 Ebay 主导下的易趣缺乏对中国本土市场研究有关，更重要的则是竞争对手淘宝网的出现和淘宝长期坚持的免费服务的冲击。

在 ebay 易趣平台上，所有的交易通过易趣（ebay），收取登录和交易服务费，而淘宝是免费的。在淘宝店铺中，商家可以留下任何联系方式，这也给线下见面交易等提供了可能，在淘宝上开店，但并不实际完成交易。易趣（ebay）的商品搜索中增加了热门搜索，选择余地更大，但是搜索页面因此打开的速度也比较慢。易趣（ebay）在"我的易趣"中设置了"纠纷处理平台"来解决买卖纠纷，而淘宝中也有纠纷举报平台可以使用。易趣的社区给人的感觉是乱杂，就像一间毛坯房，没有什么装饰，淘宝的论坛则比较清晰明了，且运用了大量的主题色块，无论是查找帖子还是翻阅都较为轻松。淘宝网有购物车功能，不过在易趣（ebay）网上有复选框，可以在单页内选取多个商品。还有一点要提的是个人签名与图片，这个只在淘宝有，这也是淘宝论坛较为吸引人的特点之一。

淘宝网在推出一年多之后，市场份额即超越了易趣，以后更是逐步把竞争对手抛在了身后，数据显示，2010 年，淘宝网的交易额突破了 3000 亿元人民币，淘宝网也成为中国电子商务的旗帜性企业之一。快速发展的淘宝网在 2011 年 6 月分拆为 3 家公司，包括定位为购物搜索的一淘网、B2C 业务的淘宝商城（已更名为"天猫"）和只包括 C2C 业务的淘宝网。

拍拍网也是腾讯旗下的一家知名的 C2C 电子商务网站，2005 年 9 月发布，而正式运营则是在 2006 年。依托腾讯 QQ 庞大的用户资源，拍拍网发展也后来居上，根据易观国际数据，在 2007 年，其用户数和市场份额即超越 Ebay 易趣，成为中国第二大 C2C 电子网站。有网游、数码、女人馆、运动、学生、哄抢、彩票七大频道，还包括 QCC、QQ 宠物、QQ 秀、QQ 公仔等腾讯特色产品及服务。

## 四　网络商城租赁

对于商业交易来说，重要的是吸引人流，只要有人流就有销售机会。对于许多产品制造商来说，自己建个网站很难吸引到大量的人流。最好把自己的产品交易移植到网上开展电子商务的业务，就是与那些在网络虚拟世界里最能吸引人流的网络企业合作。从吸引注意力的角度看，门户网站无疑是最有人气的。正是凭借其庞大的用户群，门户网站也开始涉足电子商务领域，开创了网络商城租赁服务这一全新的经营模式。

打开新浪的网络商城频道，会看到一个类似电子商务网站的页面，里面有电脑、鲜花、音像等多种商品信息和报价，让人以为新浪也是从事网络零售业务的网络企业。其实不是，这只是新浪在自己的网站上帮着客户建立网上销售的卖场或者说是柜台，而商品订单的处理、货物的组织和配送，新浪都不参与。这种经营服务模式很类似于现在一些大的商场，把自己的柜台或者位置租赁给厂商，而自己只收取租赁费。

事实上很多的网络企业采用了这种经营模式，除了几乎所有知名的门户网站之外，一些专门的电子商务网络企业的主要经营活动也是通过这种方式进行的，比如 2002 年新成立的专注于电子消费品的搜易得数码商城（www. soit. com. cn），在他们的网站上，有他们这种模式的一个细致的说明。

SOIT 商城是全国电子商务网站大家族的一员，致力于建设导购功能强大的购物平台。并不是自己出售商品，而是有很多商家同时使用这个平台面对消费者进行销售。为满足广大互联网用户日益增长的在线购物需求，我们特地推出 SOIT 商城网上商城服务。商城提供日臻完善的互联网商务服务与功能，为商家和用户搭起了一座直接沟通的桥梁，轻松实现用户在 SOIT 商城进行网上购物，同时让用户充分享受到在 SOIT 商城购物的乐趣与惬意。

"SOIT 商城在线购物"采取了销售商户入住的形式，为销售商户提供了一个强大的商品信息发布与销售平台。在交易及售后服务上由商家直接面对顾客，对顾客负责。减少了销售的中间环节，降低了销售成本，使用户和销售商都轻松受益。对广大顾客，SOIT 商城提供了一个温馨友好的购物界面，商品琳琅满目，丰富多彩。用户可以方便地找到自己想要的商品：第一，利用功能强大的商品搜索引擎，用户只要输入关键字（名称或品牌），就可以快速准确地找到自己需要或者感兴趣的商品；第二，按商品分类浏览，商城将像现实世界的百货店一样划分不同的商品目录，顾客可以沿着目录逐级查找，直到商品显示于页面；第三，用户还可按商店浏览，直接进入自己喜欢的商店进行购物。商品的配送是由专业配送服务公司完成或者由商家直接进行配送服务，快捷、可靠，真正实现了"鼠标一点，送货上门"，使广大用户享受到网络时代网上购物的轻松便利。SOIT 商城将与广泛的合作伙伴开展更为深入与多方位的合作，不断丰富、满足广大用户在互联网时代的购物与其他服务需求，携手共建有中国特色的 IT 产业数码商城，为社会、大众、企业、客户创造更多价值！①

## 五 团购和 OTO

团购（group purchase）就是团体购物，指认识或不认识的消

---

① 可惜的是，搜易得网上商城在 2006 年由于资金链断裂已经倒闭，不过，作为中国电子商务网络企业商业模式的一种探索和历史记录，本书仍保留了这一案例以供研究。

费者联合起来，加大与商家的谈判能力，以求得最优价格的一种购物方式。根据薄利多销的原理，商家可以给出低于零售价格的团购折扣和单独购买得不到的优质服务。团购作为一种新兴的电子商务模式，通过消费者自行组团、专业团购网站、商家组织团购等形式，提升用户与商家的议价能力，并极大程度地获得商品让利，引起消费者及业内厂商、资本市场关注。中国团购网站在2010年开始出现之后，发展非常迅猛，据媒体报道，到2011年，中国即出现了超过5000家各类团购网站，形成"千团大战"的热闹局面，也成为中国电子商务行业发展最快的领域之一，小到图书、软件、玩具、家电、数码、手机、电脑等小商品，大到家居、建材、房产等价格不很透明的商品，都有消费者因网络聚集成团购买，不仅如此，团购也扩展到个人消费、健康体检、保险、旅游、教育培训以及各类美容、健身、休闲等多个领域。中国有代表性的团购网站有拉手网、美团网、大众点评团等。

拉手网是中国最先出现的团购网站之一，目前也被认为是中国最大的团购网站。这家于2010年3月18日成立的网站，至2011年1月20日，注册用户数量已经突破300万，月均访问量突破3000万，开通服务城市超过400座，2010年交易额接近10亿元，并且仍以每月100%的速度成长。2011年2月，拉手网宣称获得了几乎是同行融资总和的新一轮融资，公司估值上升至10亿美元。

拉手网会每天推出一款超低价精品团购，使参加团购的用户以极具诱惑力的折扣价格享受优质服务。拉手网推出的这些超低价精品团购，有着强烈的地域性。拉手网凭借其强大的市场拓展团队，在中国内地一线城市：北京、上海、广州、深圳，及300多座二三线城市，不断网络与发掘优质的、符合当地品位的餐饮娱乐商家。

随着移动互联网的发展，团购网站也在不断尝试把自身的服务和移动互联网相结合，探索新的运营服务模式，如拉手网推出的团购 2.0 和 LBS 服务。拉手网所谓的团购 2.0 模式，就是添加了名为"拉手网生活广场"的功能版块，商户可以通过该版块自助发布团购信息。而 LBS（Location Based Service）的中文意思是"基于位置的服务"，是互联网尤其是移动互联网领域比较热门的一个词，是通过电信移动运营商的无线电通信网络（如 GSM 网、CDMA 网）或外部定位方式（如 GPS）获取移动终端用户的位置信息（地理坐标，或大地坐标），在 GIS（Geographic Information System，地理信息系统）平台的支持下，为用户提供相应服务的一种增值业务。首先是确定移动设备或用户所在的地理位置；其次是提供与位置相关的各类信息服务。意指与定位相关的各类服务系统，简称"定位服务"。所以说 LBS 就是要借助互联网或无线网络，在固定用户或移动用户之间，完成定位和服务两大功能。拉手网的 LBS 是指拉手网鼓励商家参与自主发布拉手秒杀项目，最大限度地充分利用商户闲适时段的空余资源。

O2O 即 Online To Offline，也即将线下商务的机会与互联网结合在了一起，让互联网成为线下交易的前台。这样线下服务就可以用线上来揽客，消费者可以用线上来筛选服务，还有成交可以在线结算，很快达到规模。该模式最重要的特点是：推广效果可查，每笔交易可跟踪。O2O 模式的核心很简单，就是把线上的消费者带到现实的商店中去——在线支付购买线下的商品和服务，再到线下去享受服务。而不少专业人士认为，O2O 模式或许是团购这种模式的发展，也是电商进一步和传统商业相结合的一种可能的方向。团购和 O2O 的模式发展时间较短，变化很快，但毫无疑问，这是电商商业模式的重要创新之一，对传统商业业态也将产生深远影响。

## 六　电子商务商业模式成立的原因和重要性

前面简单介绍了中国网络企业的几种常见的电子商务商业模式，从互联网产业群的概念层次上看，基本上它们都属于增值应用型的网络企业商业模式。这些商业模式都有个共同的特点，即都是虚拟的买卖场所，它们得以成立的原因就是能够基于互联网的优势从传统的市场渠道中夺取价值。

电子商务是传统经营模式的在线版，与传统商业模式类似，它们为客户提供各种各样的买卖成交场所，同样允许经营者进行交叉销售或者拍卖以获得比较高的利润，但是不同之处在于，电子商务商业模式极大地压缩了传统交易渠道中的各种费用。互联网使得电子商务企业在创造新品牌和新市场、减少交易摩擦以及消除交易双方的信息不对称等很多方面都具有很大优势，因此，能够从传统的市场渠道中夺取价值。

当然，相比较其他类型的网络企业商业模式，中国电子商务商业模式在 2008 年之前的发展相对缓慢，这是因为电子商务同其他类型的商业模式相比，它不仅对网络基础设施和用户普及率等基本网络经济环境要求较高，而且对金融支付环境和物流配送环境等都有更多的依赖，而这些环境与一国的整体信息化水平是密切相关的。近几年来，中国的金融电子化、物流配送系统等有了一定的发展，网民数量快速增长，网民的购物习惯也在逐步养成，2008 年之后，电子商务开始迅速地迎来又一轮发展的高峰，成为整个互联网和投资人关注的重点领域之一，团购在 2010 年仅出现一年的时间之后，中国团购网站数量就迅速达到 5000 余家，就是这种快速发展的例证，以至于不少业内人士都担忧电商发展过于迅猛会带来"拔苗助长"的泡沫行为。

不管如何，我们必须对电子商务型商业模式有充分的认识，因为它们从更广泛的意义上代表了网络与商业的融合，因而具有广阔的发展前景。事实上，这也是传统企业与网络企业今后越来越融合与对接之处，电子商务型商业模式的深远意义我们甚至可以从以下三个方面进行理解。

第一，电子商务是信息技术和经济发展相结合的必然产物。

半导体技术的突破导致计算机技术的迅速发展。计算机技术、通信技术、网络技术的结合产生了互联网。互联网创生于军用，扩展至科研教育，然而真正获得大发展生命力的还是商用，因为经济毕竟是人类生活的基础。因此，电子商务不是空穴来风，而是信息技术和经济发展与结合的必然产物，它经历了30余年漫长的发展历程。电子商务还会向纵深发展，信息技术还会向人类社会生活的各个方面延伸。

第二，电子商务是企业生产、管理和经营方式的革命。

信息技术和自动化技术在企业的应用开始自设备的自动化，之后延伸到工序的自动化、生产线的自动化、仓库的自动化、办公和管理的自动化，以及研究开发手段的自动化，这一切可称为企业内部的信息化。网络的产生为信息化向营销领域的拓展提供了技术基础。营销是企业的边界地区，是企业与供应商、客户及其他相关机构的接合部。这就是狭义的电子商务：网上信息发布、网上洽商、网上签约、网上支付、网上交割（非物理产品）、网上的售后服务等。

万不可把电子商务仅仅理解成原有生产和管理活动的电子化，理解成原有营销活动的简单的网上翻版，就目前已经发生和正在发生的，远远不止于此。它导致了企业生产方式的革命：20世纪初始自福特公司的大批量生产将让位于针对每一位顾客的大规模定制。它改变了企业生产流程、管理流程、营销流程内部及其之间的关系，导致了所有这些流程和企业组织机构的重组和优化。它改变了企业及其各部门与外部的关系，导致了企业供应链、销售链的重组和优化。它将把企业传统的"从里到外"的模式（inside-out model），改变成"从外到里"（outside-in）的商业模式，创建一种灵活、高效、以客户为中心的商业模式。这就是人们所说的电子商业。它将彻底改变企业，这是一场企业革命。

第三，信息技术和电子商务模糊了企业边界，导致了企业管理组织形式的变革。

为了应对外部环境的变化，人们一直在探索企业生产和管理模式的创新。这种创新包括：1950 年代提出的、实现多品种小批量生产的成组技术；实现多品种、小批量流水化生产的柔性制造系统；1980 年代使用模块化设计、减少零件变化的方式；统筹继承企业全部资源和信息处理的计算机集成制造系统（CIMS）。以上都是前网络时代基于单个企业管理的模式的创新。

1980 年代后期，鉴于制造技术一步步落后于日本的窘状，美国国会着令军、产、学界共同研究对策。此项耗费大量人力、物力、财力的研究于 90 年代初得出的结论是：为了适应技术和市场的急剧变化，必须放弃过去纵向一体化的模式，强调企业的横向一体化合作，建立以虚拟企业或动态联盟为基础的敏捷制造模式。但是直到网络技术的日渐成熟和互联网的出现，特别是外联网和内联网的出现，这一构想才找到了现实的技术基础。这就是目前在探索前沿的供应链管理、虚拟企业、互联企业、电子商业共同体，以及产业环境等新的概念和模式。

# 第五章
# 中国网络企业商业模式创新方法

本章总结网络经济中的基本现象与经济原理，并以此为指导，结合中国网络企业商业模式创新实践，依据商业模式的三个关键环节即经营模式、客户模式、收入模式为线索，总结中国网络企业商业模式创新的方法。

## 第一节　网络经济中基本现象与经济原理

要研究网络企业商业模式创新的方法和规律，必须理解网络经济里一些常见的基本现象和其背后隐藏的经济学原理。网络企业的商业模式创新及由此带来的网络企业的运作方法，常常跟传统企业的运作背道而驰，而网络经济里的诸多现象，也经常跟传统经济学的理论大相径庭。比如，用户在网络上搜索、浏览信息以及使用很多在线服务都是免费的，不少网络企业早期都不考虑收入与盈利，而是依靠风险投资（VC）大规模"烧钱"。2011 年 4 月 1 日，中国电子商务企业京东商城宣布，近期公司 C 轮融资 15 亿美元，已到账 11 亿美元，而事实上，这家公司自成立以来，一直处于亏损状态。那么，该如何理解这些令人咋舌的网络企业的经营行为和商业模式创新？这些看似"荒谬"的资本行为果真都是不理性的吗？

事实上，要理解网络企业商业模式创新以及由此产生的诸多看似不理性的企业行为，必须研究和思考网络经济的一些基本规律。笔者研究归纳发现，这些网络经济的规律，正对传统经济学产生着巨大冲击，也是研究和认识网络企业商业模式创新的"钥匙"。

在第四章"中国网络企业的商业模式内容与创新"分析归纳商业模式成立的原因时，也有多处提到了一些不同于传统经济学理论的地方。本节研究和总结随着网络的出现而产生的一些不同以往的网络经济现象，并研究归纳其中蕴涵的经济学原理，将之作为网络企业商业模式创新方法研究的理论基础，以便更好地研究和理解网络企业商业模式创新问题。

## 一　注意力经济

稀缺（Scarcity）理论是经济学的基本假设之一，这一理论认为，经济资源被定义为能给人们带来某种效用的有限性资源，因此，相对于人们的需求来说，经济资源总是稀缺的，为了更好地满足人们的需要，必须通过一定的制度和机制进行选择，从而实现对资源进行有效的配置，使社会效用最大化，这也是经济学产生的一个基本前提之一。但是，在网络经济里，稀缺理论不再颠扑不破，网络企业更相信，注意力经济学更能反映网络经济的基本特征。

例如，很多人都承认，信息是一种很有价值的经济资源，这里的信息是指可以数字化的事物，比如书、数据库、网页等都是信息产品，有的信息有娱乐价值，有的信息有商业价值。网络经济的兴起使信息的传播和复制变得极其简单和低价，这使得在网络经济里，很多人经常抱怨信息超载。"信息的丰富产生注意力的贫乏"，这就产生了一种矛盾：注意力的有限性与信息资源的无限性，即注意力短缺。这样信息这种经济资源在网络经济里就不是"稀缺"的问题，而是过度超载的问题。

由此产生了所谓"注意力经济"理论，注意力经济又被形象地称为"眼球经济"，是指实现注意力这种有限的主观资源与信息这种相对无限的客观资源的最佳配置的过程。"注意力经济"理论是有其现实意义的，反映了网络经济时代的基本现象，比如，正是信息超载和注意力缺乏，使得帮助网民快速找到所需信息成为现实的需求；对网络企业来说，则需要不断改进服务质量，向网民提供其所需信息和服务，以便把网民的注意力吸引过来，获得经济利益和取得更大的发展。

注意力经济这个词在 1994 年出现在报刊上，之后成为网络经济里最常用的词之一。在网络时代，注意力之所以重要，是由于注意力可以优化社会资源配置，也可以使网络企业获得巨大收益，注意力已经成为一种可以交换的商品。注意力作为一个个体资源虽然是有限的，但如果从全社会总体角度看，它又是非常丰富的资源，而且其再生成本几乎可以忽略不计，从而引发的经济效益具有倍增的乘数作用，这就是网络的访问量、用户数往往比利润更受网络企业和投资者重视的原因。在网络时代没有注意力就没有利润，而没有利润的企业最终要失败，注意力理论是许多网络企业商业模式中采用免费的收入模式的根据之一。

注意力经济理论也催生了许多网络企业的商业经济模式，比如搜索引擎服务就是注意力理论的一个典型应用，在信息超载的情况下，对网民来说，最有价值的服务就是能够帮助他们对所需要的信息进行定位、过滤，以便让他们能及时获得所需要的信息，这就是搜索引擎服务变得很有价值的原因，因为搜索引擎可以帮助网民快速找到他们认为有价值的信息，而避免无用信息。

其他比如，定制、一对一营销等许多网络时代的新概念都跟注意力经济理论有不同的相关关系。

## 二　经验产品

信息的生产成本很高，但是复制和传播的成本很低，花费上亿美元制作的好莱坞大片，在网络上复制传播的成本几乎可以忽略不计。信息产品的这种高固定成本、低边际成本的成本结构，使得传统的以成本为基础的定价已经不起作用，信息产品的供应商在商业模式上只能根据顾客的价值而不是生产成本来为产品定价，而由于人们对某种信息产品的评价差别很大，以价值为基础的定价自然会带来差别定价的商业模式这一结果，但是差别定价的基础是不同的产品，于是对信息产品进行版本划分以分割成不同的经营服务，对网络企业的经营模式的影响也是巨大的。总之，作为信息传播的载体和提供者，网络企业的商业模式经常受信息产品所独有的一些特点的影响，而采用不同的创新方法。

如果消费者必须尝试一种产品才能对它进行评价，经济学家就把它称为"经验产品"。几乎所有新产品都是经验产品，在传统企业里，免费样品、促销定价等都是对这种"经验产品"的推广模式，使自己的产品能更好地得到认可和促进销售。但是对于信息产品来说，每一次被消费的时候都是经验产品，你尝试了这种经验产品，就不需要再次尝试它，这就是人们常说的"信息就像新鲜的牡蛎，新鲜的时候最有价值"，那么信息提供者如何销售信息产品这种经验产品呢？

事实上，从事信息产业的企业（如印刷、音乐、电影工业）

已经发明了很多策略来促使谨慎的顾客在知道信息内容之前进行购买，比如，在观众看电影之前向观众提供电影院观看节目的预告、在用户购买音乐光盘之前通过收音机播放音乐等，更重要的是通过创造品牌和信誉来克服经验产品难题，用户购买某份报纸，往往是因为觉得它过去的内容对自己有用。网络企业所经营的几乎都是信息产品和服务，经验产品效应对网络企业极其普遍。这些企业必须有更有效的办法来克服经验产品带来的经营和销售难题。事实上，网络企业商业模式能够经得起市场的检验，说明他们是有许多有效的方法来克服经验产品效应的。《华尔街日报》在线版力图保留印刷版的感官特点，从而把印刷版的权威、品牌和顾客忠诚传递给在线产品；网络企业在推出其服务的时候，总要有相当长的一段免费期，待顾客确信其产品和服务有价值的时候再进行收费，都是这方面的例子。

信息产品和服务作为"经验产品"，对网络企业经营模式、客户模式和收入模式都有一定的影响，网络企业的商业模式创新必须充分考虑经验产品的特点。

### 三　网络效应

对许多信息技术来说，使用普及的格式或系统对消费者有好处。当一种产品对一名用户的价值取决于使用该产品其他用户的数量时，这种产品就称为显示出网络效应，经济学家把网络效应作用的机制称为正反馈。受强烈的网络效应影响的技术一般会有一个长的引入期，紧接着便会出现爆炸性增长。

互联网许多产品和服务的发展就显示出网络效应和正反馈的模式。电子邮件就是这样的一个例子。全球第一件电子邮件是1969年出现的，但是直到20世纪80年代，电子邮件都只是在技术人员中使用，之后便呈现爆炸性的增长，因为使用的人多了之后，电子邮件的作用就会增强，其通信功能就会发挥得更充分。在只有一个人使用电子邮件的时候，电子邮件是毫无价值的，因为没有可以沟通的对象。其他像网络社区、短信息服务等网络企业的经营模式中都经常会出现这种网络效应。

网络效应对网络企业商业模式有着极为重要的影响，首先，从收入模式看，网络企业在推广其产品和服务的时候，往往需要采用免费的形式提供产品和服务，以便加速其用户量尽快增长以达到网络效应和正反馈。其次，网络效应也影响到网络企业商业模式的有效性，在互联网没有显示出网络效应的时候，由于用户数量比较少，再完美的商业模式都很难成功，但是，在网络效应出现的时候，网络企业商业模式成功的可能性就比较大，当然，这个时候商业模式能否成功还受到网络经济其他一些规律的影响。从中国网络企业的实践来看，很多网络企业创立一段时间之后，难以坚持下去而倒闭破产或被并购，往往不是因为它们的商业模式有问题，而是没有把握住企业运作的节奏，在网络效应出现之前，消耗了太多的资源。最后网络效应对网络企业商业模式的实现也有相当的启发和影响，为了达成网络效应，往往需要网络企业之间互相合作，组成战略联盟集团。后面我们也可以看到，外部合作是网络企业商业模式实现的一种重要途径。

## 四　锁定效应

在网络信息时代，锁定是一种经常见到的现象。锁定的定义是，当从一种品牌的产品和服务转移到另一种品牌的产品和服务的成本非常高时，用户就面临"锁定"效应。这里的转移成本具有多种内涵，既包括心理因素也包括实际的经济因素等多方面内容。

表 5 - 1 详细地分析了锁定和相关转移成本的类型。[①]

锁定在本质上是一个动态的概念,它产生于不同时间的投资和实现的需求。转移成本会随着时间增长或减小,但是它们不会一成不变,我们可以用一个图表来动态地理解锁定(见图 5 - 1)。

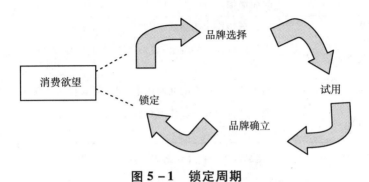

**图 5 - 1 锁定周期**

从图 5 - 1 的锁定周期我们可以看到,最容易进入锁定的时机是品牌选择点,即一个顾客在第一次选择一个品牌时,并没有被该品牌锁定;品牌选择的后面是试用阶段,在这个阶段,顾客主动使用新品牌,并利用各种优惠条件进行尝试;之后一些顾客便进入品牌确立阶段,也就是说,顾客已经习惯了试用品牌,产生了偏好,然后进入锁定阶段。在进行下一个品牌选择的时候,很显然,顾客要选择其他品牌,会面临转移的成本——包括失去偏好的痛苦甚至经济成本(见表 5 - 1)。

锁定现象对网络企业商业模式和商业模式创新的影响也是非常大的,首先,锁定对后出现的商业模式创新和实现产生了一定的障碍。比如在即时通信网络服务方面,腾讯是中国在这一领域进入最早、拥有用户群最多的网络企业,其 QQ 产品已经深入人心。在

---

① Carl Shapiro, Hal Varian:《信息规则:网络经济的策略指导》,中国人民大学出版社,2000。

**表 5 - 1 锁定和相关转移成本的类型**

| 锁定的类型 | 转移成本 |
|---|---|
| 合同义务 | 补偿或毁约损失 |
| 针对特定产品和服务的培训 | 学习新系统,既包括直接成本,也包括生产率的损失,随着时间而增加 |
| 信息和数据库 | 把数据转换为新格式,随着数据的积累上升 |
| 专门供应商 | 支持新供应商的资金;如果功能很难得到/维持,会随时间而增加 |
| 搜索成本 | 购买者和销售者的共同成本,包括对替代品质量的认知 |
| 忠诚顾客计划和优惠 | 现有供应商失去的任何利益和优惠,再加上可能的重新积累使用的需要 |

资料来源：笔者根据《信息规则：网络经济的策略指导》相关内容整理。

2003 年以后，中国著名的门户网站新浪和网易都推出了类似的产品和服务"新浪了了吧"和"网易泡泡"，虽然，新浪和网易都拥有庞大的用户群和知名度，在技术和服务上比腾讯的 QQ 都不差，并且都花费了大量的市场推广费，但是两家企业在即时通信商业模式上至今都没有很大的突破，"锁定"在腾讯的产品服务上的用户，是很难轻易转移到新浪、网易等企业的类似服务上的。其次，锁定效应对于拥有被锁定用户的网络企业商业模式创新则有重要的推动作用，腾讯公司正是很好地利用了锁定效应，利用其庞大的用户群，开发别的产品和服务，获得了成功，他们与移动运营商合作的移动 QQ 产品，让一直受免费困扰的即时通信网络企业产生了很现实的收费模式，从而使腾讯抓住了无线互联的新兴机会，一跃而成为中国移动梦网的最大 SP 合作伙伴。

电子邮件服务也是特别容易引起锁定现象的一种网络企业商业模式。用户一旦使用了某网络企业提供的电子邮件服务，并通知了其亲朋好友，再换电子邮件服务商对这一用户来说，转移成本就是非常大的，一方面是通知自己的亲朋好友新电子邮件的成本，另一方面也有转换电子邮件给自己带来的心理不适的成本，其他可能还要面临信息丢失的成本和风险等。263网站在其经营发展过程中也曾经成功地利用锁定效应进行了商业模式创新。

## 五　微创新

网络效应使互联网市场很容易形成一家独大的市场格局，而锁定效应则解释了一旦一家网络企业通过商业模式创新获得市场优势，则会对后进入者形成强大的市场壁垒，而这又可能成为商业模式创新的屏障，制约其他网络企业商业模式的创新。但是，我们发现，在中国网络经济领域，网络企业的商业模式创新仍能够不断出现，而有观点认为，这种结果得益于"微创新"。

微创新这一理论最早由奇虎360安全卫士创始人周鸿祎提出。周鸿祎认为，对于网络企业尤其是创业型企业，要想对其他已经拥有优势的企业和模式进行颠覆性创新非常困难，一种商业模式创新要想成功，从用户体验入手，持续地改进产品和服务，挖掘用户的需求，积小成大，从而实现商业模式上的成功创新。

微创新规律的核心是两点，一是从小处着眼，贴近用户的需求心理；二是专注一个方向，快速出击，不断试错。微创新并不意味着就能一炮而红、一招制敌，微创新需要持续不断地找用户的关注点，然后持续地去发现和满足用户的需求，很难一招制敌结束战斗，不能指望做一个产品就名扬天下。这就要求我们创业者有持续的微创新的能力，同时要坚韧不拔地努力。

事实上，周鸿祎创办的奇虎360公司就是微创新理论的一个成功实践者，360安全卫士从查杀流氓软件开始，一直在做微创新工作，查杀流氓软件就是"微创新"。后来，奇虎360开始给用户电脑打补丁、体检、开机加速，每一项功能都是微创新。奇虎 360 就是靠这样一个一个的微创新发展起来，成为仅次于腾讯 QQ 的中国用户安装数量第二大的互联网公司。这家成立不到 6 年的公司，于 2011 年 3 月 30 日正式在纽约证券交易所挂牌交易，成功登陆海外资本市场。

## 六　经济范式及其变革

前面所提到的五种网络经济里比较常见的现象及其现象背后蕴涵的经济学原理，都表明了网络经济相比传统经济的许多不同之处，一些经济学家甚至经常用经济范式的变革来形容网络经济出现带来的变化。所谓范式，是指一个时代普遍被接受、被视为当然的知识体系——从常识、信念到具体命题的总和。在这个知识体系下，人们不断深化、细化各种知识。显然，这一时期的知识增长是连续性的。然而这种连续性只是表象，这就好比一个久居高原而没有走到高原边缘的人总是以为自己生活在平原上。如果一种被广泛接受的科学理念或原理被一种突破性的发现证明是无效的，那么既有的知识系统就开始解体，同时，新的知识系统逐渐成形。这个过程就叫做"范式换代"①。

物质、能量和信息是人类社会的三大支柱，也是经济活动的三大资源。从经济学看，物质是满足消费者物质需要的产品，能量是生产过程和生活过程赖以进行的动力，而信息是经济活动的神经系统。决定这些资源有效配置的因素有两种：制度因素和基础设施。对于同在市场经济制度下，基础设施的运转的效率就成了决定资源

---

① Fingar.p 等：《去伪存真：e 经济的死亡与真正新经济的诞生》，机械工业出版社，2002。

配置的重要因素。

物质、能量和信息有效配置的基础设施就是从生产者到消费者的传输网络。在人类的经济生活中，相应地形成了物质网络、能量网络和信息网络。物质网络是传递商品的网络，这类网络的传输过程既可以是非连续的，也可以是连续的；能量网络是传递能量的网络，一般来说，能量网络具有连续性；信息网络的传输的内容当然是信息，从电话网、有线电视网到互联网都属于此类。按照控制论创始人维纳的说法，信息网络是人类社会的黏合剂。信息网络也有低级形式和高级形式，低级形式传输的是模拟信号，高级形式是数字信号，所谓信号，就是传输的内容都变成"0"和"1"，也可称为比特流。当然，这三类网络也不是截然分开的。有时是可以互相兼容的。三类网络平衡发展和适应符合社会发展水平，保证了一个国家经济运行和经济效率的提高，而任何一种网络的落后或不匹配，都将成为经济发展的瓶颈。

我们可将所有网络分为两类：原子网络和比特网络。从传播介质、网络覆盖范围、传播速度和传递效率等各方面来看，比特网络都是网络的高级形式。原子网络服从牛顿定律：物质守恒、能量守恒，其动力学机制是由高到低、由密到稀，这些规律与经济学上的稀缺性规律和边际效益递减十分相似；比特网络不服从牛顿定律而只受量子规律的限制。信息容易拷贝，信息传递的动力学机制是"马太效应"，而非由密到稀，虽然这些规律在经济学上的表现至今尚未有完全成体系的理论，但显然，前面所提到的注意力经济、网络效应与正反馈等都是这些规律在经济学上表现的一部分。这也是一些社会学家、经济学家把以网络经济为主要标志的信息经济称为"范式变革"的原因之一。

在传统经济模式中，特别是对于经济不发达的国家，第一产业和第二产业是国民经济的主导产业，原子网络当然居于主导地位。比如现在我国就大力强调基础设施建设，大规模建铁路网、公路网和电力网。对于像美国这样生产力发达的国家，物质产品的生产能力非常强大，服务于提高物质产品的交易效率的第三产业以及精神产品就变得非常重要，包括教育、医疗、娱乐产业、传媒产业、软件产业、金融服务业等将占主导地位，这些产业将依赖比特网络，而不是原子网络，那么经济模式也将从传统经济进入新兴的网络经济时代。

在物质产品的生产和交易活动中，如果将活动过程细分，可以发现伴随物质流和能量流的是大量的信息流，比如，产品的生产者和消费者是谁、交易过程的谈判、生产规模的预测等都是信息过程，生产的规模越大，消费范围越广，信息活动增加越多。因此物质生产也必须依靠比特网络和原子网络的配合运行。如果围绕物质生产和交易的信息过程非常有效率，将能部分取代物质流和能量流的无序流动。比如，在中国，有资料表明，由于信息不畅，每年有大量同样的化肥进出四川，仅交通费用就浪费十多亿元。如果比特网络发达，这样的浪费完全可以避免。比特网络的运行将提高原子网络的效率。

在发达国家中，精神产品和文化产品的生产和交易越来越重要，比如出版业、电影业、游戏业、传媒业等。在传统的经济中，这些产业总是要物化成原子产品才能进入流通。比如，图书总是要变成印刷品或光盘，这些物化的产品事实上是浪费了资源和降低了流通效率，如果这些产品只存在数字产品，在比特网络中流通，就根本不需要物化形式，当然也不需要原子网络。比特网络将在这些方面取代原子网络。

在服务业中，比如金融业、咨询业，甚至包括政府部门，交易的对象本来就是信用和智力产品，它们的物化形式就是各种印刷券和文件。这些物化形式本来就是多余的，这些产品可以是纯粹的电子形式，而从业人员可以在家办公。在这些领域当然比特网络特别重要，而原子网络可有可无。从网络企业商业模式的创新方面来看，这些领域网络企业商业模式的创新更容易成功和实现。

# 第二节　中国网络企业经营模式创新方法

经营模式是指网络企业提供的产品和服务，以及这些产品和服务是如何组织的。经营模式是商业模式的关键环节之一，没有经营模式就谈不上商业模式。随着网络企业的发展，它们创造了多种多样的产品和服务，为商业模式的成功创新打下了良好的基础。本节就中国网络企业中常见的经营模式创新进行研究，总结出创新的方法。

## 一　产业链方法：在互联网产业的链条中寻找角色

从互联网的发展来看，互联网的建设本身形成了一条完整的产业链，从大的方面来说，网络接入、域名和虚拟空间、内容提供、信息交流等都是这个产业链条里的节点。网络企业要想实现和确立自己的经营模式，必须在这个产业链条中寻找到机会和位置。

在这里，我们仍旧可以借用互联网产业群的模型来理解产业链法（见图2-1，互联网产业的层次与新兴的互联网产业群）。作为一家网络企业，必须根据企业自身拥有的资源（技术、资金等）先在基础平台、技术支撑、内容提供、增值应用这样的产业层次里，确定自己的位置。然后在选定的层次里，继续进行分析，最终选定本企业自身最适合的领域，提供产品和服务进行经营。

从中国网络企业的发展实践来看，现在几乎所有的著名网络企业的经营模式都是沿着这条产业链确立的，都能在这条产业链中寻找到角色。比如 263 网络集团在网络接入服务上建立自己的经营模式，新浪在内容提供方面确立了自己的经营方式，腾讯 QQ 在信息的即时通信服务上确立自己的经营模式等。中国网络企业先后出现的类型也基本上是沿着这条产业链相继出现的，从最初的接入服务（ISP）热潮，到后来的内容服务热潮（ICP）等。

当然，互联网产业链条的每一个节点都可能成就许多企业，比如在门户网站网络企业里，新浪、搜狐都做得非常成功。互联网产业链条的节点的内涵是非常丰富的，而且每一个节点里都可以产生出不同的网络企业经营模式。

另外，经营模式的确立并不是一劳永逸的，网络企业必须在产业的链条上不断地寻找机会，伺机与网络企业已经确立的资源进行整合，开发出新的经营模式。搜狐公司原本是一家著名的门户网站，向网民提供内容产品和服务，但是，在 2002 年，该公司通过收购进入 ISP 接入服务，从内容提供产业层次进入了技术支撑产业层次，从而丰富了其经营模式，实现了商业模式创新。正如美国雅虎前首席执行官所说："在网络经济领域，60 天是企业能取得的最大领先。"在中国成功的网络企业中，几乎每一家网络企业跟自己成立初期的业务大不相同，这也充分说明，网络企业经营模式的本质就是创新。

## 二 效率方法：用互联网利器分食传统产业

互联网这一比特网络具有原子网络所不具有的许多优点，由于比特网络在速度、容量、成本等方面的优势，比特网络更有效率是显而易见的。正如经济范式理论所说，在许多领域，尤其是服务、出版、娱乐、金融等第三产业里，比特网络与原子网络是可以互相替代的。因此，充分利用互联网技术的优势和效率，来替代传统行业所能提供的产品和服务，是互联网经营模式创新的一种重要思路和方法，这可以被称为效率方法。利用效率方法，用互联网这一利器分食、改造、替代传统行业，给网络企业提供了大量的经营模式创新机会，虽然网络企业的经营模式还不能在短时间内完全替代基于原子网络的传统产业，但是随着网络企业的发展，这一趋势已经表现得越来越明显。

电子邮件经营模式的产生和出现就是一个例子，它因为自身的效率远远高于传统邮政所投递的信件，已经给传统的邮政业务带来了巨大的冲击。随着网上零售业务的兴起，越来越多的人已经开始习惯从网上订购商品，尤其是书籍、影碟等产品。之所以网上零售经营模式能够成立，也是因为网络经营对买卖都产生了效率，对网民而言，他们可以节省时间和去逛商场的路费，对网上零售的网络企业来讲，他们不需要租用房屋去建立现实中的书店、商场，这可以在一定程度上节约成本，向网民提供更便宜的商品，而且由于网络技术能够帮助企业很好地分析和研究顾客的购买行为，这能够让他们更好地改善商品的结构，很显然，网上零售的经营模式就是利用比特网络分食传统商业的例子。随着网络环境的改善，利用互联网的效率改革传统产业的经营模式的例子会越来越多，经济范式变革的革命性力量将爆发出更大的力量，这也将是网络企业经营模式创新最有潜力的一种方法。未来的商业，将一定是不再区分网络企业与传统企业，正如 IBM 那句著名的口号一样，"要么电子商务，要么无商可务"。

## 三 版本划分方法：改造网络企业现有产品和服务

在中国已经出现许许多多的网络企业，而这些网络企业也已经创造出了各种各样的产品和服务，另一方面，不同的用户对产品的需求是不一样的，而对于这些大多是信息产品的产品和服务，如何把它提供给最需要和最合适的用户，也是经营模式创新的另一种方法和角度。在这一思路上，最常见的方法是重新设计产品和服务系列，进行版本划分。

所谓版本划分方法，是以不同的产品和服务版本向不同的市场和客户提供服务，从而进行经营模式创新、实现企业收益最大化的一种方法。版本划分进行产品系列规划有两个基本的原则，一是根据不同的顾客需求提供不同的版本，对网络企业来说，一个完整的产品系列会使经营模式价值最大化。二是根据版本的方法设计产品系列时要突出不同的顾客群体的需求，以便每位顾客可以选择最适合其需求的版本。经济学家把第二个原则称为"自我选择"。也就是说，网络企业在设计产品系列进行经营模式创新的时候，不必考虑顾客对产品的评价，因为顾客可以通过他的选择来表达其评价。其实版本划分方法并不是网络企业所独创的方法，但是，我们发现，版本划分方法在网络企业的经营模式创新中确实是一种常用的有效方法。新浪网提供的不同规格的个人家园产品与服务，腾讯QQ 提供的不同等级的会员服务等，都是版本划分方法进行经营模式创新的经典案例。

在网络企业的经营模式里，有哪些因素可以成为版本划分的依据呢？具体说来，基于网络企业的产品和服务特点，时间、用户界面、安全性、方便性、速度、空间与容量、功能、打扰、技术支持等都可能成为版本划分的依据，从而成为网络企业经营模式创新的方法。下面仅就中国网络企业常用的一些方法进行案例分析。表5－2 列举了一些可供网络企业经营模式创新版本划分的依据。

**表 5 - 2　可供版本划分的产品与服务方面及其可能用途**

| 产品方面 | 可能用户或用途 | 产品方面 | 可能用户或用途 |
|---|---|---|---|
| 延　　迟 | 耐心的/不耐心的用户 | 完　整　性 | 业余/专业用户 |
| 用户界面 | 偶尔的/有经验的用户 | 打　　扰 | 时间宝贵/时间充裕用户 |
| 方　　便 | 商业/家庭用户 | 支　　持 | 临时/频繁用户 |
| 格　　式 | 屏幕/打印用户 | 功　　能 | 业余/专业用户 |
| 容　　量 | 普通/特殊用户 | …… | …… |

资料来源：笔者根据《信息规则：网络经济的策略指导》相关内容整理。

新浪网和 263 网络集团等提供电子邮件服务的网络企业对电子邮件产品的创新就充分利用了版本划分的方法。在新浪网提供的电子邮件产品里，划分了不同的版本，有免费信箱，用户可以免费注册和使用，但是，这种电子邮箱的速度、安全和容量都很难令人满意，但新浪网也给用户提供了多种产品进行选择，如任你邮 20、任你邮印象 30、任你邮商易 60、任你邮家园 100 等，而不同的电子邮件产品具有不同的特点，面向不同的需要（新浪电子邮件产品不同版本见表 5 - 3）。

**表 5 - 3　新浪电子邮件产品的版本划分**

| 版本类别 | 规格/空间 | 功　　能 | 主要用途与定位 |
|---|---|---|---|
| 任你邮 20 | 20M | 邮箱 | 简单沟通，轻松生活 |
| 任你邮印象 30 | 30M | 邮箱 + 彩色相册 + 迷你主页 | 秀出你自己,生活更精彩 |
| 任你邮商易 60 | 60M | 相册 + 公文包 + 商务助理 | 在家办公的最佳选择 |
| 任你邮家园 100 | 40M | 邮箱 + 相册 + 主页 + 公文包 | 我的主页我作主 |

资料来源：新浪官方网站产品说明书。

新浪网的电子邮件的产品设计，利用了容量空间、功能和不同的顾客定位等三个版本划分的依据，正是新浪网对其电子邮件的这种经营模式的创新，才使得以前一直免费的电子邮件服务开始有了收费的可能，没有引起用户太大的反感。

版本划分方法不止可以用在电子邮件的经营模式创新中，网络企业利用这一方法进行其他经营模式创新的案例也比比皆是，网络广告经营模式也是一个典型的例子。表 5 - 4 是天极网根据网络广告投放位置、尺寸和大小进行的版本划分。

表 5 - 4　天极网网络广告版本划分

| 广告形式 | 投放位置 | 制作形式 | 尺寸 | 大小 |
|---|---|---|---|---|
| 普通 BUTTON | 频道首页 | GIF/SWF | 120 × 60 | < 8K |
| 特殊 BUTTON | YESKY 首页 | GIF/SWF | 150 × 100 | < 10K |
| 特殊 BUTTON | CHINABYTE 首页 | GIF/SWF | 240 × 60 | < 10K |
| 双 BUTTON | 频道首页 | GIF/SWF | 120 × 120 | < 10K |
| 垂直 BUTTON | 频道首页 | GIF/SWF | 120 × 160 | < 12K |
| 扩展 BUTTON | 频道首页 | GIF/SWF | 120 × 60 | < 8K |
| 流媒体 | 频道首页 | SWF | 200 × 200 | < 15K |
| 图文头条 | YESKY 首页 | GIF/SWF | 104 × 85 | < 8K |
| 新闻焦点文字 | 首页 | 文字 | < 18 字 | |
| 文字链接 | 频道首页 | 文字 | < 10 字 | |
| 顶部通栏 | 首页顶部 | GIF/SWF | 500 × 90 | < 20K |

资料来源：天极公司销售部文件。

## 四　三种经营模式创新方法的关系

本节所列的网络企业经营模式创新的方法具有不同的性质，一般出现在网络企业发展的不同阶段。

产业链法和效率方法主要是指网络企业经营模式的静态创新方法，是网络企业经营模式外延式创新，这两种方法可以拓宽网络企业的经营模式，使网络企业的经营模式向更深更广的领域延伸，经常用在网络企业的初创时期。

版本划分方法主要是指对现有网络企业经营模式进行内涵式的创新，一般说来，它并不扩展网络企业经营模式的外延，而是对现有的网络经营模式进行改良和改造，从而实现网络经营模式的创新。经常是用在网络企业发展到一定阶段的时候。

当然，这些方法是互补的而不是互斥的，一个网络企业在经营模式创新的时候既可能会选择某一特定的方法，也可能同时采用这些方法，进行经营模式的创新。

# 第三节　中国网络企业收入模式创新方法

收入模式是商业模式的重要环节和内容之一，收入模式的内容包括收费模式和支付方式。所谓收费模式，是指网络企业是否向其客户收取费用以及收费的根据；支付方式则是指网络企业通过何种途径从客户处收取费用。网络企业与客户之间往往是无法见面的，通过虚拟的网络进行交易，而且网络企业的产品和服务是有其特点的，这些都决定了网络企业在收入模式上与传统企业的收入模式有所不同。本节研究中国网络企业收入模式的特殊性和收入模式创新的方法。

## 一　网络企业收入模式的特殊性

由于网络企业的许多特殊性，网络企业在收入模式上并不完全类似传统企业的收入模式，传统企业的收入模式是，企业向顾客提供产品和服务，并根据自己的成本以及产品和服务的质量和数量收取费用，来弥补成本并获取利润。但是在网络经济里，网络企业有时为了形成和壮大自己的产品和服务（经营模式），必须吸引客户，这个时候，收费会阻碍自己经营模式的建立，经营模式的建立与收费模式往往形成一对矛盾。因此，在网络企业发展的初期，往往通过采用免费的方式来形成并发展自己的经营模式。

事实上网络企业最初采用免费方式也是有其一定的成本依据的，那就是因为其经营模式的成本结构。前面提到，网络的主要作用是通信、内容和交易三大平台，网络企业在提供满足这些应用的产品和服务的时候，成本结构非常特别，往往是前期投入成本很高，运营的成本却很低，大部分是高固定成本、低边际成本的成本结构。在这种成本结构下，便很难再采用传统的以成本为基础的定价和收入模式，因此，根据顾客价值而不是成本来进行定价，并且最大化其收入，在网络企业里是非常普遍的。这些都决定了网络企业收入模式的特殊性和复杂化。

从支付方式上看，网络企业在支付上也存在一定的特殊性。在传统企业的商业模式中，企业向客户提供产品和服务，客户在接受商品后向企业支付费用，在网络企业的商业模式中，由于网络企业经营的经常是无形的信息产品，而交易是通过网络完成的，买卖双方一般不直接见面，顾客在支付费用的时候经常会存在疑虑，在中国的金融业并不发达的情况下，支付的途径也存在着成本高且途径较少等困难，这些困难在某些商业模式中甚至造成商业模式创新的瓶颈，严重制约着商业模式的确立。

收入模式是网络企业的重要内容之一，收入模式不清晰和无效，网络企业的商业模式创新便很难成功，鉴于网络企业收入模式的种种特殊性造成的困难和重要意义，收入模式一直是网络企业在商业模式的确立发展过程中极为重要的课题。

## 二 免费法

提供免费的信息产品和服务是网络企业商业模式中常见的一种

方法。正如前面提到的，网络企业为了确立自己的经营模式，并尽快达到网络效应的正反馈状态，需要吸引大量的注意力，这个时候往往需要采用免费的模式。电子邮件服务、内容服务、即时通信服务、网上拍卖业务等多种经营模式，都曾经采用免费的模式。

对于网络企业来说，免费不是目的，而是吸引注意力，确立经营模式；免费模式可以一直存在下去，只要网络企业的经营模式足够丰富，大量的注意力完全可以支持网络企业通过其他相关的产品和服务获得收入，就像新浪提供的内容服务一样，从一开始就是采用免费的模式，凝聚了大量的注意力和用户群，新浪利用这些注意力进行其他经营模式的创新，获得收入，如网络广告、电子邮件、短信息服务等，新浪在 2003 年已经实现大规模盈利，应该说在免费模式支持下获得的注意力资源是成功的。

## 三　锁定效应法

免费模式是互联网上常用的一种手段，但是网络企业的经营和服务不可能都是免费的，否则网络企业的经营就难以持续。在通过经营模式的免费服务获得大量的注意力之后，利用网络经济里的锁定现象进行收费，是网络企业常见的收费手段和方法。263 的电子邮件收费和网易的个人主页收费都是这种收入模式创新方法的应用。

263 是中国著名的电子邮件供应商，在提供电子邮件服务后相当长的一段时间内，都是采用免费模式的，2002 年初，在成为中国最大的电子邮件服务商之后，突然宣布，对电子邮件服务全面收费[1]。这次收费模式调整虽然对 263 的电子邮件服务造成了很大影

---

① 范锋：《刀锋浪尖上的 263 到底要做什么？》，天极网，http：//www. chinabyte. net/20020407/1605721. shtml。

响，但是，在笔者的调研中，263市场总监毛新透露，免费模式下，263的电子邮件用户约有300万，调整之后依然有30多万用户选择了263的电子邮件，也就是说大约有10%的免费电子邮件用户在263大幅收费的情况下，仍然选择了263的邮件服务，这大大超出了263的预想，因为，同一时期，只有263作了全面收费的调整，其他电子邮件网络企业仍旧提供各种免费电子邮件服务，很明显，锁定效应在263网络集团收费模式创新中发挥了重要作用，正因为此创新，以前一直亏损的263电子邮件服务，一下子给企业带来了利润。

网易的个人主页收费也是类似的例子。网易在成立之初就向网民提供免费的个人主页服务，给网民提供免费的个人主页空间，在很短的时间内，树立了网易个人主页服务的品牌，吸引了众多网民在网易提供的虚拟空间里建立了自己的个人主页，2001年，在提供了两年的免费服务之后，网易宣布对个人主页服务实行收费，不交费的网民已建成的个人主页将在一定时间内取消。虽然在当时，也有其他网站在提供免费的类似服务，但是最终还是有很多网民乖乖地交费，保留自己在网易的个人主页，因为他们已经在网易的服务上投入了很多精力，网易的服务在这些网民身上出现了"锁定"效应。

当然，对于习惯了网络上各种免费模式的网民来说，从免费使用到收费才能使用，肯定在心理上会受到一定的伤害，也可能会在一定程度上损害网络企业在网民心目中的形象，但是，对于网络企业来说，则不失为一种有效的收入模式创新方法。

## 四 版本划分驱赶免费用户法

利用版本划分对产品进行系列化，并逐渐把免费用户向收费用户驱赶，从而达到收费的目的，实现网络企业收入模式创新，可以称为"版本划分法"。有关版本划分的相关理论和运作方式前面在经营模式创新的部分已经提到，它同时也是经营模式创新的一种方法（在对商业模式概念研究时我们已经知道，经营模式和收入模式都是商业模式的重要内容和关键环节之一，他们之间具有相互依赖和补充的紧密逻辑关系，因此，在创新方法上具有相同或相似的思路并不奇怪，事实上，利用版本划分方法进行经营模式创新是利用此方法进行收入模式创新的基础）。相比利用锁定效应收费可以说是一种温和的创新方法。

新浪的电子邮件就是这样的一个例子，最初，同许多其他网络企业提供的电子邮件服务一样，新浪的邮箱也是免费的，并利用新浪的人气，发展了大批用户。2001 年，新浪开始把电子邮件产品进行了版本划分，在提供免费邮箱的同时，提供了系列收费的电子邮件产品（见表 5 - 3），在收费的电子邮件产品推出之后，新浪的免费电子邮件的容量、速度和安全性就开始逐渐降低，并提供了向收费电子邮件产品转移的通路（这样可以减少用户被免费电子邮件锁定的成本），随着许多用户难以容忍免费电子邮件产品的服务，这些网民为了避免转换邮箱的麻烦，只好选择新浪的收费电子邮件产品。

## 五　注意力出售法

内容型网络企业提供的内容信息大部分都是免费的，正是因为免费，才能吸引到大量的网民对网站进行访问，网络企业经常把网民的访问率称为注意力，在信息超载时代，这些注意力是很有价值的，完全可以使网络企业通过出售注意力来实现自己的收费模式。

新浪、搜狐等中国主要门户网站的主要收费基础都建立在出售注意力上，没有注意力，网络广告、短信、商城租赁等收费便毫无竞争力，因此，网络企业这些产品和服务的收费经常被业内人士称为"出售注意力"。新浪网副总裁陈彤说，从新浪来看，基于新浪内容的注意力经济是新浪的核心竞争力，"新浪超过60%的收入都是通过出售注意力实现的"。

## 六 会员制收费法

许多对产品和服务进行收费的网络企业并不是对所有的用户都进行收费或者收取同样的费用，对他们来说，偶尔只享用一次他们产品的用户并不是有价值的客户，因为难以对其产品进行定价和向用户收费，对他们来说，有价值的客户是那些需要经常访问网站、使用他们服务的用户，因此，他们往往通过吸收用户成为其长期用户（会员），在一定时间交纳一定的费用，来实现收费。这种收费方式可以称为会员制收费。

AMT 网站是一家企业信息化的专业网站，在该网站上有丰富的企业信息化相关行业动态、知识、案例等，是非常受这一领域的专业人士欢迎的网站。但是，普通的网民进入这个网站之后，只能看到一些过时的文章或者没有特别价值的信息动态，网民要想看到这个网站提供的所有内容，必须成为这家网站的会员，而成为这家网站的会员，则需要交纳一定的费用——要么网民所在的企业交纳，要么网民个人交纳。

通过会员制收费也是网络企业常用的一种收费模式，它简化了网络企业与用户之间的支付程序，在支付体系不够健全的经济环境中，满足了信息产品和服务的交易需要，对某些网络企业来说是一种有效收费模式创新方法。不过，从本质上看，这是版本划分的另外一种形式，而这种版本划分的依据就是信息的丰富程度和时间延迟。

## 七　支付方式创新方法

支付方式是收入模式的重要方面，没有有效的支付方式，网络企业的许多收入模式便没有成功的基础。对于大部分网络企业的经营模式来说，他们提供的产品和服务多是无形的信息产品，很难像有形产品那样"一手交钱，一手交货"，不解决支付问题，网络企业的收入模式便无法确立。

在中国网络企业的发展实践中，有许多支付的方法值得总结，是很有效的创新。具体说来，预付法和与电信运营商合作是当前网络企业面向大众的两种比较常用的方法。

所谓预付法，就是要求网民先预付一定的资金，然后接受网络企业提供的服务，在预付的资金用完后，网民进行续资才能接受服务。预付法的实现形式有通过购买服务卡、游戏点数、虚拟币等。上网卡就是一种类似的支付方法，在主叫拨号接入模式出现之前，网民要接受网络接入服务商提供的服务，必须先购买包含一定上网时段的上网卡，上面有用户名和接入密码，只有输入正确的用户名和密码，才能得到接入服务商提供的接入服务。现在在网络游戏里十分流行的游戏点数实质上也是预付法的一种，网民要想玩网络游戏厂商提供的网络游戏，必须先购买一定的游戏点数，才能进入网络游戏界面玩网络游戏。

与电信运营商合作实现支付方式是中国网络企业近两年来的一项重大创新思路，在这里，电信运营商成了网络企业的支付平台，网民消费了网络企业提供的服务，可以通过电话费的形式支付，然后再由电信企业与网络企业分成，在中国网络企业的实践里，固定电话和移动通信等都有成功的案例。263 的主叫拨号就是利用与电信运营商合作在支付方式上实现的一种重要创新，正是凭借这一创新优势，263 确立其在网络接入服务上的核心优势。在主叫拨号接入方式出现以前，网民的接入服务的付费方式一般都是通过购买上网卡实现的，这种上网卡需要设置用户名和密码，网民一旦忘记密码或者预付的费用用完，就无法再接入互联网，操作起来也是很不方便的，而采用主叫拨号的方法，网民通过电话拨简单易记固定的号码（如 2631）和密码，就可以联入互联网，上网费用同电话费一起交给电信运营商，由电信运营商再转给网络接入服务商，十分方便，实现了支付方式的创新。网络短信息的兴起也跟网络企业通过移动通信运营商合作实现支付方式的创新有极大关系，在笔者对 30 多位网络资深人士的调查中，80% 以上的人士认为，电信运营商成为网络企业的支付方式，将是网络企业支付最常用的方法。

# 第四节　中国网络企业客户模式创新方法

在商业模式中，客户是其重要的环节和组成部分，没有客户就没有商业模式，网络界中一些对商业模式的名称其实就是基于客户的分类方法，如 B2C、B2B、C2C 等。本节结合客户定位、顾客分析的一些理论，研究总结网络企业在开发客户、利用客户价值的一些方法。

## 一　顾客定位与客户模式

顾客定位实质上就是选择企业的特定顾客群。企业只有明确了自己的服务对象，才能真正了解顾客的真实需求，进而为顾客提供满意的产品和服务。这一点在网络企业的商业模式里也不例外。网络企业商业模式必须明确自己的客户对象，形成自己的客户模式。在电子商务型企业中，网上零售型的网络企业，其客户是在网站上购物的网民，其客户模式也经常被称为 B2C 的模式，即企业对消费者，是一对多的关系；而网上拍卖型的网络企业，其实质就是一个交易平台，为买者和卖者服务，其客户模式又经常被称为 C2C，即消费者对消费者，是多对多的关系，当然，也有的网络拍卖型企业，如阿里巴巴网站，其服务主要是为企业间搭建交易的平台，因此，根据顾客定位，他们的这种模式称为 B2B，即企业对企业，也是多对多的关系。

顾客定位的关键是对顾客进行细分。即根据消费者的多样性和购买行为的差异性，将全部顾客划分为若干具有某种相似特征的顾客群的过程。这样企业就可以选择目标顾客群，明确企业的服务对象。

顾客定位的基础是了解消费者的购买欲望、购买规律以及购买过程中的整个消费心理活动。需求驱动和感性因素是决定消费者购买行为的基本因素。而影响消费者购买行为的因素分为内在因素和外在因素两类：影响消费者购买行为的内在因素包括消费需要、购买动机、购买认知、购买感情和消费者个性；影响消费者购买行为的外在因素包括家庭、参照群体、社会等级、文化、促销活动。

## 二　网络企业了解顾客的方法

古老的"了解顾客"的四字经在信息时代与在传统工业时代一样重要，有所改变的是互联网所提供的相互沟通能力为网络企业大大增加了研究顾客的机会和方法。在利用网络独有的客户信息方面走在最前列、干得最出色的公司将会获得丰厚的回报。取得用户信息在网络上有两种主要方法，一是注册和开账单，二是观察。

注册是许多网络企业最常采用的方法，网民使用每一家网络企业的产品和服务，几乎都要求网民进行注册（见图 5－2），这使得新浪网可以收集到关于其同学录中众多用户的性别、所在省份和电子邮件联络方式等信息，这些数据可以用来设置网络广告费率、开展电子邮件列表等数据库营销服务等。

观察网民的网上行为也是了解顾客的另一个主要途径。现在大部分网站都允许用户搜索它们的内容，这是非常有价值的信息，可以知道网站的用户常常在自己的网站上搜索什么，当然，这只是观察网民的上网行为的一个方面，可以称为"监控搜索"。除了监控搜索之外，网络企业也可以观察顾客的"点击流"，即他们访问网站时的一系列行动。网站运行记录文件包含了许多关于顾客行为的有用信息。当然，由于一些原因，这些数据的分析存在一定的难度，首先是数据太多，其次，作为网络基础的 HTTP 协议是非连续的，这种协议把每名用户的每次要求（点击超链接）处理为分开：也就是说技术基础没有明确的某一位顾客一系列交易的概念。

不过这些都是技术问题，网络开发者可以通过建立能认识某位用户的一系列交易的支持系统来解决。这种信息可以存储在服务器端，也可以以 Cookie 的形式保存在浏览者的硬盘里。Cookie 是在用户的硬盘上生成的文件，它包含了浏览者与服务器交换的信息。Java 也为这种难题提供了一种很有潜力的解决方案。有了 Java，网络企业可以编写自己的浏览器并测量出想得到的每一种用户行为——包括阅读每一个条目的时间，这使网络企业可以收集到更多、更丰富的关于客户的信息。

有了这些客户信息，利用它就是很简单的事情了，我们打开卓越网，往往会发现，摆放在最显眼地方的商品，往往就是用户购买最多的商品，而企业在网络上发布广告的时候也会发现，那些网站上被人阅读最多的频道的广告，收费往往也是最高的。

**图 5 - 2　新浪友联同学录注册表**

资料来源：新浪官方网站产品说明书。

　　总之，客户作为市场交易的一方，在现代企业发展中的地位异常重要，不论是在传统企业还是在所谓的网络企业的商业模式中，如何发现客户、选择客户、了解客户、满足客户需求都是一个具有重大意义的企业实践课题。网络企业能够充分利用互联网的优势在客户关系管理方面进行许多有益的尝试，应该说，这对所有企业改善商业模式、提升管理水平都是有价值的，当然，网络企业在商业模式创新中，也应该充分学习吸收传统企业在客户模式上的创新上的新思想和新经验。

# 第六章
# 中国网络企业商业模式实现途径

本章结合中国网络企业的发展实践，着重研究网络企业商业模式的实现问题，包括商业模式实现与商业模式创新的关系、商业模式实现的途径以及商业模式实现的保障等，出于建立中国网络企业商业模式创新研究框架体系的考虑，在本章的第四节，利用一份调查问卷的结论，对中国网络企业商业模式创新的趋势进行了研究。

## 第一节　商业模式实现的概念

网络企业的商业模式多种多样，在网络企业的实践中，几乎每一家企业都包含着不同的商业模式，比如新浪在提供内容之外，还提供网络广告、电子邮件、网络商城等各种产品和服务，从而形成现实中的企业新浪公司。网络企业商业模式的整合、引入与改造，以确立、丰富其商业模式，形成现实企业整体的这种过程，可以称为网络企业商业模式的实现问题。

网络企业商业模式实现是一个动态的过程，随着商业模式创新的进行，每一个网络企业商业模式实现在不同时期都有不同的内涵。举例来说，现在人们讨论网络企业的商业模式的时候，经常会提到所谓的"新浪模式"，但是，事实上，不同时期的新浪，在商业模式上并不是完全相同的，研究新浪的发展历史，我们就能够知道，它最初是由网络社区发展过来，随着企业的发展，新浪不断地引入新的商业模式，形成了今天的新浪网络公司。

商业模式实现问题与商业模式创新有着密切的关系。商业模式实现是商业模式创新的结果和目的，网络企业不断进行商业模式创新，目的就是寻找、选择和确立最适合本企业的商业模式，也就是商业模式实现过程；另一方面，从商业模式创新的动态含义上来看，商业模式实现则是商业模式（动态）创新的保证，没有商业模式实现，从而形成现实中的网络企业，商业模式（动态）创新就无从谈起，从商业模式创新的静态含义上看，商业模式（静态）创新本身就是商业模式实现。

我们还可以从另一个角度理解商业模式实现问题与商业模式创新的关系。前面我们谈到，商业模式包含经营模式、客户模式和收费模式，网络企业在经营模式、客户模式和收费模式上的创新，都是商业模式创新的内容，这些创新可以称为"内涵式"商业模式创新；而商业模式实现则是"内涵式"创新的商业模式的组合和整合，这其实也是网络企业在商业模式上的创新，我们可以把它理解为"外延式"的商业模式创新。

总之，作者认为，商业模式实现问题是研究网络企业商业模式创新不容回避的核心内容之一，是网络企业商业模式创新研究框架的重要组成部分。正是基于以上认识，在本书中，作者把商业模式实现问题纳入商业模式创新研究的体系之中，也算是本书试图建立商业模式创新研究理论体系框架的一个尝试。

跟前面商业模式创新重点研究商业模式创新的内容和方法不

同，商业模式实现的关键在于实现途径和实现保障两方面的内容。下面两节将主要对这两个方面的内容进行研究。

## 第二节　中国网络企业商业模式实现主要途径

从中国网络企业的发展实践来看，大部分网络企业在初创时期，一般只采用一种商业模式，如 263 最初的业务就是向网民提供接入服务和产品，但是，随着网络企业的发展成熟，其为了更好地利用自己的资源，实现企业盈利，网络企业总是不断地对自己的商业模式进行整合，尝试和引进新的商业模式，并加以改造，形成现实中的网络企业。这一商业模式实现过程主要有哪些途径？从中国网络企业的发展实践来看，网络企业商业模式的实现主要有复制、并购、基于内部资源整合、基于外部合作等几种途径。

### 一　复制（COPY）

复制即是网络企业学习与模仿别的企业的商业模式，形成自己企业商业模式的一种途径与过程。网络企业商业模式实现可复制的对象是多种多样的，既包括学习与模仿国外的网络企业的商业模式，也包括国内不同的网络企业之间的互相学习与模仿，复制途径在表现形式上也多种多样，既可以在不同地域复制，也可以在不同领域复制，还可以在不同的语言环境中复制等。复制是中国网络企业发展初期商业模式实现的最基本途径。

虽然互联网是全球性的网络，但是研究网络的发展历史我们知道，互联网在各个国家的发展是不平衡的，网络企业的发展也是不平衡的，美国在互联网经济和网络企业的发展上在全球保持着领先的优势，几乎所有的网络企业商业模式都最早出现在美国，同时由于各个网络企业之间的背景与资源是不一样的，国内网络企业之间的互相学习也是不可缺少的，因此，复制便成为网络企业发展的初期阶段中国网络企业商业模式实现的基本途径。

研究中国网络企业，就可以发现几乎任何的网络企业，在国外都能找到与其相似的商业模式，这就是复制的结果。比如现在的新浪网提供各种各样的服务，在发展的初期，新浪商业模式基本上是在模仿美国的雅虎网站，通过提供免费新闻服务、搜索引擎服务等吸引大量的网民，而通过网络广告发布、电子邮件服务等向企业客户收费；随着网易、联众等公司开发网络游戏大获成功，新浪便开始提供类似的服务，凭借极高的访问量，也能在这些市场领域里获得发展，并不断丰富经营和服务的领域，逐步健全、确立完整的商业模式。其他网络企业也大都有类似的发展过程，卓越网的模仿对象是美国的亚马逊公司（www. amzon. com），百度的模仿对象则是美国的 GOOGLE（www. google. com）等，这些都是不同语言环境中的复制途径的比较典型的案例。

263 网络集团由于最初的创立是基于北京电信的投资和其他资源，因此，北京是其创立和发展的根据地，随着 263 接入服务在北京地区的商业模式逐渐成熟，后来，他们把北京地区的商业模式复制到上海、广州、武汉等城市，也都获得了成功，使 263 迅速成长为全国最大的接入服务网络企业之一。这则是不同地域复制的案例。

复制这种途径最经常出现的是在网络企业的创立早期，因为一旦网络企业在某一地域或领域确立优势，网民则往往习惯于接受某一企业的服务而不愿再换，除了习惯和适应等可能会给网民带来不适之外，对网民来说，有时候更换自己习惯的服务提供商也是需要成本的，这就是前面提到的"锁定"现象，这也是在网络界大家常说的"只有第一、没有第二"的深层原因，在互联网行业里，现在经常有人说，即使投资更多的钱，完全按照新浪的模式去重新做一个网络企业，也不可能再变成新浪，可能提供的内容和服务是一样的，但是，网民未必会买账，难以吸引到足够的人群，客户模式难以确立，使商业模式实现变得特别困难。

## 二　并购

并购也是网络企业商业模式实现的一种重要途径，一些网络企业欲进入新的服务领域，丰富和健全自己的商业模式，往往利用自己的资金优势，对相关企业进行并购。这种途径在近两年来随着网络经济形势的好转经常被网络企业使用。

新浪和搜狐等门户网站企业的商业模式都极其丰富，几乎囊括了网络企业经营的各种商业模式，其中许多商业模式都是通过收购实现的。自2003年以来，新浪网就进行了数次收购，丰满和完善自己的商业模式。比如，作为中国三大门户网站的新浪在无线应用方面，由于进入市场较晚，没有太多有特色的服务，一直以来，其收益规模和增长比率都没有进入中国移动梦网的前十名。新浪一直在想办法提高手机短信息业务的收益规模，2003年1月，新浪宣布用两千万美元收购广州讯龙科技公司，该公司是一家独立的无线增值业务服务商，此次并购使新浪无线业务从包月制与按使用次数计费相结合的营业模式转换到以包月制为主的营业模式，大大增强了新浪在新兴的移动互联领域方面的力量，使自己在网络短信的商业模式进一步丰富；2004年2月，新浪网再次宣布收购总部位于深圳的Crillion Corp，该公司联手全国各地的人才市场，通过短信为广大求职者提供招聘信息服务，在其用户群中建立了多种基于手机短信的移动社区。本次收购为新浪带来200万付费用户，同时也可以帮助新浪通过领先的市场销售渠道更好地营销现有的产品和服务。进一步巩固了新浪在国内移动增值服务市场的领先地位。

中国另一家门户网站企业搜狐在收购方面也毫不逊色，早在2000年9月，搜狐就动用约3000万美元收购了当时国内最大的年轻人社区网站Chinaren，这在当时被称为中国最大的网络企业并购，此次收购，使得搜狐在网络社区模式上建立了优势，今天搜狐提供的同学录服务就是在这次收购的基础上发展起来的，2003年，随着网络游戏商业模式的兴起和确立，搜狐再次收购了国内最大的网络游戏资讯网站17173.com，这可以使得搜狐快速进军网络游戏领域，就在搜狐收购17173之后的第三天，搜狐又宣布并购一家房地产网站焦点网，该网站最早以搜索引擎起家，后来发展成房地产领域的一个社区网站，这些并购都加速和帮助了搜狐商业模式的实现。

其实不仅这两家中国最著名门户网站通过收购实现其商业模式，在中国网络企业发展的这几年中，网络业几乎每年都有数次并购，当然，并不是所有的网络企业之间的并购都是商业模式的实现途径，但是不可否认，并购确实是网络企业商业模式实现的一种重要途径。

通过并购达成商业模式实现，具有见效快、成功可能性大等优点，但是并购往往需要网络企业有大笔的现金储备，而且企业之间的文化、管理等方面的整合也可能带来一定问题。网络企业在并购前一定要进行充分的战略思考，否则并购带来的可能不是帮助网络企业商业模式实现，而是会损害网络企业现有的商业模式。

## 三　基于内部资源整合

基于网络企业内部的资源整合也是网络企业商业模式实现的一

种重要途径，对于相当多已经发展起来的网络企业，基于内部资源整合将是商业模式实现的主要途径。前面提到，网络企业商业模式的创新体现在多个环节之中，不同的商业模式之间有许多相同的环节和资源，比如客户、技术等。网络企业可以利用这些相同的环节和资源，整合到不同的领域，从而丰富和发展自己的商业模式，加速商业模式的实现。

基于内部资源整合实现商业模式的案例很多。比如新浪网最初是不提供电子邮件服务的，但是，随着其内容的领先优势的确立，吸引了大量的访问人群，新浪网开始买入相关技术，向广大网民提供电子邮件服务，使得自己的电子邮件业务很快发展起来，后来又通过整合其虚拟网络空间，整合成"个人家园"产品，向购买其个人家园产品的网民提供高质量的电子邮件服务、虚拟网络空间服务等多种服务，并开始实行收费，这给新浪带来了巨大的收入，这就是利用客户的内部资源促使商业模式实现的一个案例。

263 的内容服务也是利用客户资源促成商业模式实现的一个例子。1998 年 263 刚成立的时候，公司的主要产品和服务是接入与电子邮件，其各种电子邮件产品和服务的用户多达千万，上千万的网民经常访问 263 网站，这是一笔很有价值的资源，于是在 2000 年，263 开始提供内容方面的服务，在网民上网用 263 的电子邮件服务的时候，还可以查询每天的各种新闻，使得 263 向门户网站的商业模式发展，一度被业界称为中国的新"三大门户"网站之一，只可惜后来 263 战略转移，主动放弃了在内容方面的努力，裁撤了大量人员。在接受笔者的调研时，263 不少内部人士至今对这一战略转移都十分不解，其市场总监毛新透露，随着 263 经营方面的好转，今后 263 仍有可能在内容方面加大投入，卷土重来再做门户网站。

上面两个基于内部资源整合促使网络企业商业模式实现的案例都是基于网络企业所拥有的注意力（客户）的，其实企业的资源是多方面的，技术、品牌、人才等都可能成为商业模式实现的重要支撑和资源，比如企业技术和设备作为网络企业的重要资源，就可以成为推动商业模式实现的重要资源。263 提供的 ASP 服务就是这样的例子，263 最著名的是电子邮件服务商，在早期，263 的电子邮件服务是不收费的，使得 263 的电子邮件用户发展很快，这促使 263 不得不扩建了机房和带宽，但是扩建的结果，有时又会带来带宽和服务器资源的闲置，企业完全可以利用这些设备和技术资源进入别的业务领域，于是就形成了 263 的数据中心和托管业务。

基于内部资源整合的商业模式实现的途径可以有效地节约网络企业成本，挖掘其资源，也是现在网络企业商业模式创新的最主要途径。

## 四　基于外部合作

网络作为信息技术的重要基础技术之一，已经越来越渗透到社会经济的各个层面，与传统产业的结合也越来越紧密，对传统产业也有着巨大的改造和提升作用，此外，网络经济也已形成了完整的产业链条，在这种环境下，许多网络企业的商业模式跟传统企业的经营领域已经越来越密不可分。因此，外部合作也成为加速网络企业商业模式实现的途径之一。

基于外部合作的网络企业商业模式实现途径中，外部合作的内容是十分广泛的，既包括与别的网络企业的合作，也包括与传统企业的合作，既包括与国外网络企业的合作，也包括与国内企业的合作，同时，外部合作的方式也是多种多样的，既包括全方位的战略合作，也包括渠道、人才、技术等多方面的合作，既包括网络企业主导的合作，也包括不是网络企业主导的合作。可以说，没有基于外部的合作，就没有网络企业的许多商业模式。

中国移动推出的"移动梦网"计划就是网络基于外部合作的商业模式实现途径的一个对网络产业最有深远影响的案例。移动梦网是中国移动通信推出的无线数据增值业务的全国统一品牌，主要包括短信业务和 WAP 业务，如通过手机进行购物、娱乐、传递图片、获取实时股市信息等。2000 年 9 月 19 日中国移动在北京发布"移动梦网计划"（MONTERNET），并邀请百家 ICP 研讨商业合作模式，在该计划里中国移动提出，公司现有的 WAP 平台、短消息平台均可向各合作伙伴开放，并将以"一点接入，全网服务"为目标，升级和完善计费系统，为合作者提供一个全面服务的网络。基于手机的互联业务更加方便，符合"随时随地"的通信梦想。MONTERNET 的出现标志着中国移动无线数据增值业务从传统业务中分离出来。从此无线互联服务以惊人的速度发展，在这一合作中，短信收入也成为众多参与梦网计划的网站的主要收入来源。

中国著名的即时通信网络企业腾讯公司是参与移动梦网计划的收益最大的网络企业之一，根据腾讯公司的运营报告，腾讯"移动 QQ"仅 2001 年 3 月中一天手机短信息发送总量就达 3000 万条，占整个"移动梦网计划"实施以来业务量的一半以上。"移动 QQ"服务是腾讯科技（深圳）有限公司继风靡网络的 QQ 聊天之后开辟的新服务项目，功能是利用移动通信运营公司的 GSM、SMS 和 WAP 系统与腾讯科技（深圳）有限公司的 QQ 系统互联，使移动电话用户可以直接和 QQ 用户进行短讯通信。[①] 可以说，正是与移

---

① 柯斌：《撑起移动梦网半壁江山 小 QQ 赚大钱》，2001 年 6 月 14 日《南方都市报》。

动梦网的合作，确立了腾讯公司全新的商业模式。移动梦网这种合作模式不只是给腾讯公司的商业模式创新带来了巨大影响，其实这一合作模式对几乎所有网络企业商业模式的实现都具有重要的意义，正如方兴东所说，"移动梦网的出现对于互联网业界来说，其所起到的作用有以下两点：一是一个货币支付的平台。移动梦网为中国互联网业解决了一个支付的平台，大多数的收费项目都可以通过这个平台得以实现。例如订阅短信、订制收费邮箱等大多数网上付费项目，都能以这个载体得以实现。况且这一平台的方便、快捷、安全性等与电子银行比，具有很大的优势。在这种平台下，商务模式与客户交流更为直接、流畅，更大程度调动了潜在客户成长为现实客户的可能。二是刺激和推动了短信的高速产业化成长。短信的高速发展应该是近两年的事，其中移动梦网功不可没。据有关部门资料，仅 2002 年一年，中国移动的用户就发送了 700 多亿条短消息，2003 年短信市场的规模达到1600 亿条，较 2002 年增幅为 100%，由此产生的直接利润将达到 150 亿元。应该说短信是移动梦网所开掘的一个金矿，在 SP与移动梦网的共同努力下，这一金矿已经形成了一个能创造更多利润的产业链。这一产业链中得利最大的就是中国的互联网业。从此国内的网络界找到了一个极好的商业模式，并最大限度地借助了移动梦网提供的机会，进而形成了实质的盈利模式"。[①] 在移动梦网计划的合作模式里，主导者是中国移动这一中国最大的移动通信运营商。

2004 年 1 月，新浪网与全球领先的美国网络企业雅虎签署协

---

① 方兴东：《移动梦网　中国互联网的头号功臣》，中国博客网站，www.blogchina.com，2003 年 9 月 22 日。

议，合资进军网上拍卖业务[①]，为中国的中小型企业、买家和卖家提供全新的基于网上拍卖的电子商务服务。这项新服务将把新浪在中国市场的领先品牌和极富价值的用户群，与雅虎的全球品牌优势及其在日本、台湾、香港等地已取得的网上拍卖业务的成功经验相结合。通过该合资公司，雅虎和新浪将合力打造一个功能全面的网上拍卖电子商务平台，这一平台不仅为消费品的销售提供定价销售和竞价销售等不同模式，并且还提供广泛的服务以促进交易。正是这一合作，使新浪确立了网上拍卖业务的业务模式，在这一合作中，新浪网的合作对象则变成了国际的网络企业。就在新浪宣布这一合作后的几天内，新浪又接连宣布与韩国网络游戏厂商 Plenus 公司的合作，在这一合作中，该公司将向新浪提供相关技术，用以开发及部署新浪自己的休闲游戏。

当然，网络企业商业模式的实现途径是多种多样的，研究商业模式实现的途径对于网络企业的商业模式创新和健康发展有着重要的现实意义。

## 第三节 网络企业商业模式实现的关键因素

本节根据笔者对众多网络企业的调研结果和总结，尝试研究保障网络企业商业模式的关键因素（资源）。虽然我们总结了网络企业商业模式实现的途径，但是，应该明白，并不是所有的商业模式创新尝试都能够达成商业模式实现，商业模式实现是需要一定的保障的。那么，哪些是保障网络企业商业模式实现的关键因素（资

---

[①] 新浪科技报道，《新浪与雅虎签署协议 合资进军网上拍卖业务》，http：//tech. sina. com. cn/i/w/2004－01－14/0813281924. shtml。

源）呢？根据笔者的调研、调查等多种研究，领导者、技术、资金是中国网络企业商业模式实现的三大关键因素。

## 一　领导者因素

领导者对一个企业的成功发展的重要性，相信很多书籍都有过充分的论述，不过，在为撰写本书所进行的调研和研究中，笔者惊讶地发现，相对于传统企业来说，领导者对网络企业商业模式实现具有更加重要的意义。这种重要意义表现在网络企业领导者绝大部分都是该网络企业的创立者。这意味着没有他们，就没有商业模式的实现，即便是随着网络企业的发展，这些网络企业会慢慢引入职业经理人进行管理，但是，这时则是企业商业模式实现的相对稳定时期，而且，领导者也往往在幕后施加巨大影响，在网络企业商业模式实现中扮演重要角色。中国著名网络企业网易公司就是一个典型的例子（在笔者为此设计的调查问卷中，超过50%的被调查者举的例子都是网易），1998年，刚刚大学毕业的丁磊以开发电子邮件系统技术创立了网易公司，之后，该公司从网络社区和个人主页一直发展到成为在美国上市中国三大门户网站，丁磊都是网易商业模式实现的关键力量，之后，网易曾经引入多位职业经理人，但是，在2000年遭遇"假账风波"、遇到前所未有的困难的时候，丁磊赶走职业经理人，自任"首席架构师"，带领网易推出网络游戏、短信等多种商业模式，可以说没有丁磊，网易公司就不会成为中国网络企业商业模式创新的代表企业。

应该明确，这里所说的领导者并不一定是企业的CEO或者总裁，但是这个领导者一定是企业的精神领袖，更多的则是企业的创始人。在笔者所调研的网络企业中，几乎每一家网络企业都有这样的一位领导者，在商业模式实现过程中发挥关键性作用，表6-1

是作者所调研的企业中，在商业模式实现中扮演关键因素的企业领导者情况，可以看到，表中的9家企业中，有7家都有这样的领导者，而且他们都是企业的创始人。

表6-1　在商业模式中扮演重要角色的企业领导者

| 网络企业 | 领导者 | 职　位 | 是否创始人 |
|---|---|---|---|
| 网易 | 丁　磊 | 董事局主席 | 是 |
| 搜狐 | 张朝阳 | 董事局主席,CEO | 是 |
| 新浪 | 曹国伟 | CEO | 否 |
| 天极网 | 李志高 | CEO | 是 |
| 3721 | 周鸿一 | 董事长、CEO | 是 |
| 阿里巴巴 | 马　云 | 董事长、CEO | 是 |
| 百度 | 李彦宏 | 董事长、CEO | 是 |
| 263 | 李小龙 | CEO | 是 |
| 卓越网 | 陈　年 | 总裁 | 否 |

资料来源：笔者根据2004年调查结果绘制。

为什么网络企业的领导者会成为企业商业模式实现的关键因素？作者分析，可能存在以下几方面原因，一是网络企业商业模式实现要求企业领导者对技术潮流的把握和感觉非常强，网络企业领导者往往都是技术专家，在表6-1中所列的7位企业领导者中，除了天极网CEO李志高阿里巴巴马云以外，其他五位都被业界视为网络技术的专家和领军人物，二是网络企业相对传统企业来说，发展时间比较短，企业管理制度、文化等都不十分稳定，往往很难通过团队力量或者制度创新推动商业模式创新和实现，因此容易产生个人英雄式的企业领导者来推动商业模式实现。

这些领导者的素质和能力是否有共同点呢？企业领导者能力包括两个方面，一个是战略上的设想，包括指定远景规划和团体的目标；另一个是运作能力，或者说是能够带动员工完成那些为实现目标而拟订的具体任务的管理能力。研究发现，网络企业领导者在能力方面最大的特点就是普遍具有这两个方面的能力，有一句格言说："领导者是那些能够正确做事的人，而管理者是能够把事情做好的人。"从这些网络企业领导者来看，他们往往是身兼二职，在上表中，有四位企业领导者在公司里是既兼董事长、又兼 CEO 的。考虑到笔者所调研的网络企业都是国内顶尖的网络企业，那些小一些的网络企业这种情况应该更加普遍。

## 二　技术因素

互联网应用虽然越来越普及，但是，对网络企业来说，他们要想达到商业模式实现，对互联网就不能仅仅停留在应用层次，他们必须对支撑互联网应用的技术相当娴熟，有深刻的理解，调研发现，技术因素在被研究的中国网络企业商业模式实现过程中，发挥了重要作用，成为商业模式实现的关键因素之一，它们中的几乎每家企业，都有在各自领域内相当有影响力、自主研发的核心技术，推动商业模式实现。

技术成为网络企业商业模式实现关键要素的主要表现有以下几个方面：一是几乎每家网络企业的核心领导团队中都有对技术潮流十分敏感、精通技术的技术专家，甚至在表 6 - 1 中所列的 9 家网络企业中，有 6 家网络企业的领导人本身就是在该领域公认的技术专家，他们对技术的精通无疑是推进本企业商业模式实现的重要因素；二是被调研的网络企业商业模式实现，几乎都建立在本企业自主研发的核心技术产品之上。比如百度公司的多款产品的技术基础都是该公司的专利技术——超链分析，该公司总裁李彦宏就是这一专利技术的发明人和唯一持有人，其他如网易公司的电子邮件技术、网络游戏研发技术等，天极公司的 CMS4I 信息发布平台、

RES4I 远程教育平台、263 网络集团的主叫拨号技术等，都是其商业模式实现的核心支撑技术，在同行业里居于领先地位。

成功的网络企业模式需要一定的基础建筑，无疑，基于标准的企业范围的技术平台是这一基础建筑的核心内容之一，正如在调研中一家网络企业的老总所说："即便是在管理和能力上最先进的公司，如果没有适当的技术，今后都将受到挫折。"我们也可以通过一般电子商务型企业的体系结构图来理解技术在商业模式实现中的关键作用（见图 6－1）。

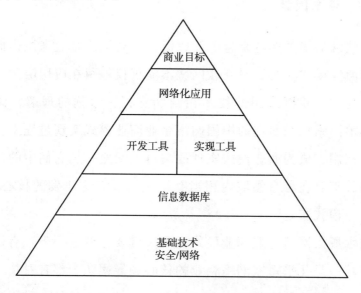

**图 6－1　网络企业体系结构**

资料来源：笔者根据《网络就绪》一书相关理论整理绘制。

## 三　资金因素

在很多人的心目中，网络企业往往是创业者（或者创业团队）凭借其对市场的敏感和拥有的核心技术，创立网络企业便能迅速发展，实现其商业模式。人们经常不会考虑资金方面的问题，认为资金对商业模式实现是可有可无的因素。但是，笔者在调研中发现，那些真正熬过网络冬天的中国网络企业，无不认为资金是其商业模式实现的关键因素之一；在笔者收回的为本书所设计的调查问卷中（调查问卷和相关的分析在附录中单独列出），那些网络业的资深人士中，有将近50%的被调查对象甚至认为资金是商业模式实现的最关键因素。

相比较传统的制造企业，网络企业一般不需要大量的固定资产投资，但是网络企业要想实现商业模式，还是需要很多资金的，尤其是那些初创时期的企业，往往由于其不引人注意，很难吸引到必需的投资，造成商业模式实现的困难。

在网络企业商业模式的实现过程中，有很多方面的工作需要资金支持，比如前面提到，网络企业初创时期，为了尽快确立其经营模式，可能需要采用免费的收入模式，这时几乎是没有收入来源的，需要资金维持一定的运营；网络企业虽然没有大量的固定投资，但是网络企业员工的薪水一般要高于传统行业，人力成本比较高，需要一定的运营资金，才能保证商业模式实现所需要的稳定的人才团队；即便是对那些已经度过创业期的网络企业，如果采用并购的手段去推动商业模式实现，也需要大量的资金；根据注意力理论我们知道，网络企业的商业模式实现必须有相当的注意力，而网络企业为了吸引注意力，则必须投资资金进行大量的市场推广工作。所有这些都构成商业模式实现对资金的依赖。

网络企业解决资金问题的最常见的形式是吸引风险投资，在笔者深入调研的9家网络企业中，有8家网络企业都曾经吸收过风险投资，只有263是由北京电信等企业战略投资的（见表6-2），当然，网络企业也有其他途径可以获得更多的资金，比如吸引企业战略投资、机构投资或者公开上市募集资金等。但是，所有这些又都是建立在网络企业商业模式具有足够吸引力的基础上的。

表 6 - 2　被调研企业中吸引风险投资的状况

| 网络企业 | 是否有风险投资 | 网络企业 | 是否有风险投资 |
|---|---|---|---|
| 新浪 | 有 | 网易 | 有 |
| 搜狐 | 有 | 阿里巴巴 | 有 |
| 百度 | 有 | 卓越网 | 有 |
| 3721 | 有 | 263 | 无 |
| 天极 | 有 | | |

资料来源：笔者根据调查结果绘制。

# 附录

# 中国网络企业商业模式创新趋势
# 问卷调查与分析

中国网络企业的发展历史并不长，随着互联网快速发展，中国网络企业的发展空间还非常大，推动中国网络企业发展的一个重要因素就是商业模式创新。网络企业商业模式创新的方向即创新的趋势是一个很有价值的命题，但是，创新的方向实在是难以捉摸，因此，这是一个很主观的命题，不同的人会有不同的看法。正是考虑到这一命题的特殊性，笔者设计了一份调查问卷《中国网络企业商业模式创新调查问卷》，请网络企业的资深人士回答他们对商业模式创新的趋势的看法，并通过分析他们通过问卷所做的回答，对中国网络企业商业模式创新的趋势作些初步研究。

需要说明的是，问卷调查只是本书采用的研究方法之一，它是笔者进行大量企业实地调研和其他研究方法的一个补充，问卷调查的部分结论已经被引用到本书前面的写作中去，本节的内容只是出于尝试建立和完善商业模式创新研究框架的考虑，利用调查问卷对中国网络企业商业模式创新的趋势作些必要的实证研究，因此并没有对该调查问卷做全面的分析。

## 一 调查问卷和相关说明

《中国网络企业商业模式创新调查问卷》主要是围绕商业模式创新的三个环节和跟商业模式创新实现有关的问题进行设计（见本节附《中国网络企业商业模式创新调查问卷》），问卷调查对象是中国最著名的网络企业中级以上管理人员和个别长期跟踪网络企业的媒体记者。问卷共发出50份，回收了有效答卷共30份，答卷人分布在新浪、搜狐、网易、百度、天极、万网、卓越、腾讯、DONEW社区、IT168网站、ZDNET等十几家不同类型的网络企业，这些人职位包括了总裁、副总裁、内容总监、市场总监等，均为中国网络企业的资深人士（见附图1）。

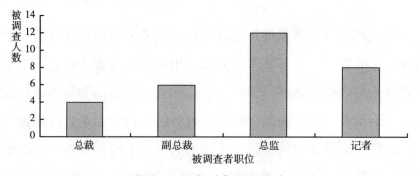

**附图1 调查对象职位分布**

资料来源：笔者根据调查结果绘制。

### 附：中国网络企业商业模式调查问卷

被调查人姓名：

被调查人职位：

一、调查目的

为了顺利完成本书《中国网络企业商业模式创新》，拟订此调查问卷。目的在于了解网络界人士对中国网络企业商业模式创新的一些基本判断和看法，为本书写作提供基本的研究数据。感谢您的支持！

二、问卷部分

1. 对一家中国网络企业而言，您认为推动企业商业模式创新的最关键人物是：

（a）CEO （b）CTO （c）创业团队

答：

最典型案例是_____

2. 对于推动企业商业模式创新的核心人物（团队），给您印象最深的气质特点是：

（a）自信 b）激情 （c）号召力 （d）冒险 （e）亲和力 （f）聪明 （g）其他

答：

最典型的人物是_____

3. 有很多因素可以成为网络企业商业模式创新的动力，如技术因素、市场竞争因素、消费者需求、政策法律环境、企业文化、市场环境（金融体系、信息化程度等）、管理团队的创业激情等，您认为最重要的三个动力是：

答：

4. 网络企业的经营方式，即提供何种产品或者服务，是商业模式的重要内容之一。您认为在中国最有商业前途的三种产品和服务是？

（a）内容 （b）B2C 电子商务 （c）搜索和网络实名服务 （d）B2B 电子商务 （e）网络游戏 （f）网上拍卖 （g）电子邮件 （h）其他（如填其他，最好能写出具体服务形式）

答：

5. 收费模式是商业模式的重要内容之一。您认为在中国网络企业最可能通过下列哪些方式实现收费模式的创新？

（a）现金收费 （b）通过银行信用卡收费 （c）通过移动、电

信等收费 （d）其他（如填其他，最好能写出您看好的具体形式）

答：

6. 在中国，现在很多人认为网络所能诞生的商业机会集中宽带、无线互联等领域，您认为在这些新的领域最可能通过商业模式创新而成功的企业会是哪一类？

（a）新浪、搜狐等现有门户网站和其他网络企业 （b）电信、移动、软硬件IT厂商等现有传统企业 （c）新创企业 （d）难说

答：

7. 对于一个网络企业来说，您认为对其能实现商业模式创新而达到成功的关键因素是什么？

（a）领导人 （b）资金 （c）员工 （d）公司文化和管理体制 （e）其他

答：

8. 不可否认，今后会有更多的、全新的互联网商业模式，您认为，在未来三年内基于互联网所能产生的新的公司和商业模式是否会集中出现某些领域？

（a）会 （b）不会 （c）难说

答：

如果您认为会，那么最可能创新的领域是_____

9. 从商业模式创新的实现方式来看，您认为最现实、最容易帮助互联网企业实现商业模式创新的方式是哪些？

（a）并购别的企业 （b）设立专门的商业模式创新部门或管理职位 （c）创立新的网络企业 （d）模仿传统企业 （e）商业模式创新纯属偶然因素，没有实现方式 （f）其他

答：

如填其他，您是否可以列举？_____

## 二　调查问卷部分结论分析

从网络企业经营模式的发展方向看，在回收的调查问卷中（见附图2），没有人提出更新的经营模式（即"其他"项），这说明，网络企业资深人士普遍认为，目前中国网络企业的经营模式已经十分丰富，基本上覆盖了网络企业所能覆盖的领域。从调查结果来看，短信、网络游戏和内容是被大多数人看好的经营模式，其中看好短信业务的接近100%。

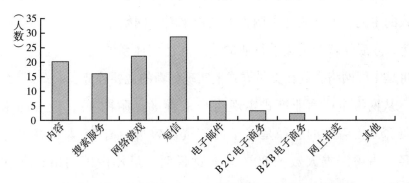

**附图2　中国网络企业经营模式创新趋势调查**

资料来源：笔者根据调查结果绘制。

从网络企业收费模式的发展方向看（见附图3），在现金支付、通过银行支付、通过电信支付三种支付方式之外，选择被看好的其

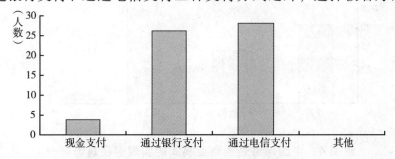

**附图3　中国网络企业支付方式趋势调查**

资料来源：笔者根据调查结果绘制。

他支付方式的人数为零，这说明，网络企业资深人士普遍认为现金支付、通过银行支付和通过电信支付是网络企业商业模式中三种最主要的可能的支付方式，其中最被看好的是通过电信支付和通过银行支付，看好这两种支付方式的人数均超过了被调查人数的80%。通过电信支付是近两年中国网络企业商业模式的一大创新，尤其是短信业务的兴起，更坚定了人们的这一信念。事实上，在国外的网络企业中，通过银行卡实现支付是最主要的支付方式，但是在中国，由于金融环境和信用体系不够完善，这一支付方式至今并没有成为网络企业支付方式的主流。不过从这次调查的结论来看，网络企业的资深人士普遍认为，今后随着中国金融行业的发展和信用体系的确立，通过银行支付将是中国网络企业在支付方式上实现创新的主要趋势。

从网络企业商业模式实现途径来看（见附图4），最被网络企业资深人士看好的途径是基于内部资源整合，有25人选择了这一途径，占被调查人数的80%多。这说明，虽然中国网络企业在出现初期，经常是"模仿"国外网络企业和传统企业的商业模式，但是，随着中国网络企业的发展，基于内部资源进行整合，从而实现商业模式创新越来越被网络企业从业人士看好。

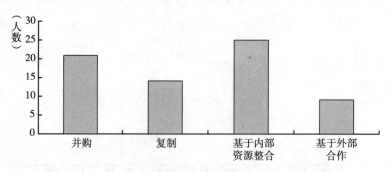

**附图4 中国网络企业商业模式的实现途径趋势调查**

资料来源：笔者根据调查结果绘制。

# 参考文献

1. 陈泽江：《互联网经济商务模式浅析》，北京，中国人民大学出版社，2002。

2. 程华：《论互联网对商业模式的影响》，《商业研究》2002 年第 2 期。

3. 范锋：《新浪发动网络广告革命》，《21 世纪经济报道》，2001 年 4 月 23 日。

4. 范锋：《Mail.com 始乱终弃 e 龙赎身另卖》，《21 世纪经济报道》，2001 年 1 月 22 日。

5. 冯英建、范锋：《如何让搜索引擎成为网上渠道》，2006，5。

6. 范锋等：《2006 中国互联网发展报告》，人民邮电出版社，2007，3。

7. 范锋等：《中国 IT 市场应用调查研究报告》，清华大学出版社，2007，3。

8. 范锋：《管理层突变，企业如何安外抚内》，《科技与企业》，2005，6。

9. 范锋：《史玉柱如何成就巨人网络》，《国际航空报》，2007，11。

10. 范锋等：《门户究竟需要什么样的竞争力》，《北京现代商报》，2003，5。

11. 高媛等：《电子商务》，企业管理出版社，1999。

12. 关美旗：《电子商务概述》，北京，清华大学出版社，1999。

13. 胡春囡：《炎黄在线网站的商业模式》，《中国信息导报》，2001，2。

14. 互联网实验室：《网络游戏业的商业模式》，《电子商务》，2002，5。

15. 黄培等：《互联网企业的商业模式》，《企业改革与管理》，2000，10。

16. 黄卫伟：《生意模式与实现方式》，《中国人民大学学报》，2003，4。

17. 黄速建：《公司论》，中国人民大学出版社，1989。

18. 黄培、陈俊芳：《赢利定律——商业模式的理论、方法、与实践》，中国标准出版社，2003。

19. 姜旭平：《电子商贸与网络营销》，清华大学出版社，1998，7。

20. 金宝鼎：《中国电信"互联星空"业务模式的改进与实现》，《电信技术》，2003，11。

21. 李骏阳：《21世纪商业革命电子商务时代的流通模式》，经济科学出版社，2003。

22. 凌夫：《美国网络企业商业模式面面观》，《中外企业文化》总第99期。

23. 凌晓东等：《发现利润区》，中信出版社，2000。

24. 刘佑成：《社会分工论》，浙江人民出版社。

25. 刘远航：《网络营销的理论创新与优势》，《商业研究》，2000，第3~4页。

26. 吕本富、张鹏：《77 种网络经济创新模式》，辽宁人民出版社，2000。

27. 吕彤：《联想喘息》，浙江人民出版社，2003。

28. 吕巍、郑勇强：《外部战略，企业获得竞争优势的新途径》，《经济理论与经济管理》2001 年第 8 期。

29. 闵大洪：《视频内容——宽带网络中的主角》，《电视研究》，2004，1。

30. 匿名：《中国互联网十年十大产品》，《互联网周刊》，2003，12。

31. 聂正安：《企业的商业模式创新》，《湖南经济》，2003，1。

32. 钱志新：《传统经济到新经济商业模式的十大转变》，《现代管理科学》，2001，6。

33. 石培华：《注意力经济》，经济管理出版社，2000。

34. 施振荣：《联网组织》，生活·读书·新知三联书店，2000。

35. 孙宝文、王天梅：《电子商务与管理模式变革》，中国财政经济出版社，2003。

36. 孙英辉：《关于企业商业模式创新的探讨》，《中国矿产经济》，2003，1。

37. 范锋：《网络企业商业模式创新的理论基础和方法研究》，《北京工商大学学报》（社会科学版），2012，3。

38. 王刊良：《基于分类的企业电子商务模式创新方法》，《系统工程理论与实践》，2003，3。

39. 王刊良、万映红：《网络经济中的电子商务模式创新》，《决策借鉴》，2002，15。

40. 汪蓉等：《制造企业的商业模式的创新与转型》，《工业工程与管理》，2002．6。

41. 汪向东等：《中国：面对互联网时代的"新经济"》，生活·读书·新知三联书店，2003。

42. 汪应洛等：《我国电子商务对管理影响研究的现状与不足》，《中国软科学》，2000，3。

43. 王学梅、张凤环等：《新经济中商业模式》，贵州人民出版社，2002。

44. 王晓霞：《互联网营销组合策略的创新》，《经济师》，2001，5。

45. 王驭全：《MMS 业务模式探讨》，《通信企业管理》，2003，2。

46. 吴叔平：《电子商务的价值链与赢利模式》，上海远东出版社，2001。

47. 伍山林：《企业性质解释——节约交易费用与利用社会生产力》，上海财经大学出版社，2001。

48. 吴向宏：《商业模式专利在美国的状况》，《科技与法律季刊》，2001，2。

49. 阎峰：《大陆网络企业经营战略思考》，2000 年 3 月 10 日《中国经营报》。

50. 严卫京：《美国商业周刊精粹：透视网络经济》，中国对外贸易出版社，2001。

51. 杨朝宇：《移动梦网商业模式研究》，中国人民大学，2003。

52. 阳光：《新浪模式》，辽宁人民出版社，2000。

53. 阳光：《搜狐传奇》，辽宁人民出版社，2001。

54. 游梦良、李冬华：《企业电子商务模式》，广东人民出版社，2001。

55. 于建英：《网络广告：新时代的商业模式》，《上海微型计算机》，1999，8。

56. 沈志勇：《重新定义中国商业模式（案例卷）》，电子工业出版社，2011。

57. 郑勇：《中广有线运营模式分析》，中国人民大学出版社，2002。

58. 魏炜、朱武祥：《重构商业模式》，机械工业出版社，2011。

59. 周洛华：《信息时代的创新及其发展效应》，复旦大学出版社，2001。

60. 〔德〕彼特·莫拉斯：《赢利模式电子商务成功之路》，社会科学文献出版社，2003。

61. 〔美〕阿兰·奥佛尔、克里斯托福·得希著《互联网商务模式与战略理论和案例》，清华大学出版社，2002。

62. 〔美〕阿莫·哈特曼等：《网络就绪：电子商务时代的成功战略》，机械工业出版社，2000。

63. 〔美〕安妮·利尔：《网络的未来》，中信出版社，2002。

64. 〔美〕彼得·杜拉克：《创新与企业家精神》，海南出版社，2000。

65. 〔美〕彼得·芬加等：《去伪存真：E经济的死亡和真正新经济诞生》，机械工业出版社，2002。

66. 〔美〕查克·马丁：《数字化经济》，中国建材工业出版社，1999。

67. 〔美〕国际电信联盟：《网络的挑战：互联网对发展的影响》，汪向东等译，中国友谊出版公司，2000。

68. 〔美〕江滨：《破译雅虎帝国》，中国对外翻译出版公司，2000。

69. 〔美〕凯特·麦多克斯等：《网络商务：构建数字商业》，经济管理出版社，2001。

70. 〔美〕卡尔·夏皮罗等：《信息规则：网络经济的策略指导》，

中国人民大学出版社，2000。

71. 〔美〕迈克尔·波特：《竞争优势》，华夏出版社，1997。

72. 〔美〕迈克尔·波特：《竞争战略》，三联书店，1988。

73. 〔美〕迈克尔·波特：《未来的战略》，四川人民出版社，2000。

74. 〔美〕小艾尔弗雷德·D. 钱德勒：《看得见的手——美国企业的管理革命》，商务印书馆，1987。

75. 〔美〕小艾尔弗雷德·D. 钱德勒：《战略与结构：美国工商企业成长的若干篇章》，云南人民出版社，2002。

76. 〔英〕马歇尔：《经济学原理》（上卷、下卷），商务印书馆，1964。

77. 〔英〕汤姆·兰伯特：《关键管理问题 各种商业模式的睿智精要》，经济管理出版社，2004。

78. Aberdeen Group, Inc, *Strategic Procurement：the Next Wave of Procurement Automation*, White Paper. 1997.

79. B. Mahadevan. *Business Models for Internet2based Ecommerce：An Anatomy*. California Management Review. 2000. Vol. 42，（4），2000.

80. Casson，Mark："Why are Firms Hierarchical?", *Journal of the Economics of Business*. 1994. Vol. 1，（1）.

81. Chois-Y，"The Economics of Electronic Commerce", *Macmillian Technical Publishing*. 1997.

82. Gary Hamel，"The challenge today：Chinaging the Rules of the Game", *Business Strategy Review*. 1998. 9.

83. Griffeth，R. W. ，Sager，J. K. & P. W. ，Horn. A Comparison of Structural Models Representing Turnover Cognition. *Journal of*

*Vocational Behavior.*

84. Hofstede, Geert, Richard H. Franke, and Michael H. Bond: 1991, Crltural Roots of Economic Performance: a Research Note, *Strategic Management Journal*, Vol. 12, 165 – 173.

85. Joan Magretta. Why Business Models Matter. Harvard Business Review, May, 2002.

86. John Hagel III, *NetGain: Expanding Markets Through Virtual Communities*, Mckinsey & Company, Inc. 1997.

87. Jonathan Chalkham, *Keeping Good Company*, Oxford University Press Inc, New York, 1994.

88. Lynda M1 Applegate. Amazon. com, 2000. President and Fellows of Harvard College, 2000.

89. McFarlan, and J. L. Mckenney, Electronic Commerce: Trends and Opportunities. *Corporate Information Systems Management*, NY: McGraw2Hill Irwin, 1999.

90. Mary Modahl, *Now or Never: How Companies Must Change Today to Win the Battles for Internet Consumer*, New York, Harper Business, 2000.

91. Michael Porter, What is Strategy, *Harvard Business Review*, November 2 December, 1996.

92. Paul Timmers, Businewwmodels for Relectronicmarkets, *Electronic Markets Journal*, 1998, 8 (3 – 8).

93. Paul Bambury, Ataxonomy of Internet commerce, *First Monday*, 1998, 10 (3).

94. Ravikalakota, *E-business: Roadmap for Success*, Addison-wesley Publishine Co. , 1999, 2.

95. Steven Kaplan, Mohanbir Sawhney, E-Hubs: The New B2B Marketplaces, *Harved Business Review*, May/Jun 2000, (97 – 103).

96. William Hanrott, Business Models for Generating Value on the Internet-a Study of How to Market an Electroic MusicTutoial, http://www. mainem. co. uk. diss/will/dissertion. html, 2000.

97. www. sina. com. cn（新浪网）

98. www. sohu. com（搜狐网）

99. www. chinabyte. com（天极网）

100. www. blogchin. com（中国博客）

101. www. donews. com（IT 写作社区）

102. www. baidu. com（百度搜索引擎）

103. www. 3721. com（3721 国风因特公司网站）

104. www. 263. com（263 网站）

105. www. zhuoyue. com（卓越网）

106. www. netease. com（网易）

107. www. 8848. net（时代珠峰电子商务网站）

108. www. google. com（谷歌网）

109. www. sootoo. com（速途网）

110. www. wmeti. com（微媒体）

**图书在版编目(CIP)数据**

中国网络企业商业模式创新/范锋著. —北京：社会科学文献
出版社，2012.9
ISBN 978 - 7 - 5097 - 3349 - 3

Ⅰ.①中… Ⅱ.①范… Ⅲ.①网络公司 - 企业管理 - 研究 -
中国 Ⅳ.①F279.244.4

中国版本图书馆 CIP 数据核字（2012）第 078599 号

## 中国网络企业商业模式创新

著　　者／范　锋

出 版 人／谢寿光
出 版 者／社会科学文献出版社
地　　址／北京市西城区北三环中路甲 29 号院 3 号楼华龙大厦
邮政编码／100029

责任部门／财经与管理图书事业部（010）59367226　　责任编辑／陶　璇
电子信箱／caijingbu@ ssap. cn　　　　　　　　　　责任校对／李　立
项目统筹／恽　薇　　　　　　　　　　　　　　　　责任印制／岳　阳
经　　销／社会科学文献出版社市场营销中心（010）59367081　59367089
读者服务／读者服务中心（010）59367028

印　　装／北京鹏润伟业印刷有限公司
开　　本／787mm×1092mm　1/16　　　　　　　　印　　张／13.25
版　　次／2012 年 9 月第 1 版　　　　　　　　　　字　　数／160 千字
印　　次／2012 年 9 月第 1 次印刷
书　　号／ISBN 978 - 7 - 5097 - 3349 - 3
定　　价／39.00 元